"慧"爱学生

| 桂贤娣◎著 |

The wisdom of love

图书在版编目（CIP）数据

"慧"爱学生 / 桂贤娣著. -- 武汉：长江文艺出版社，2018.9（2019.11重印）
（大教育书系）
ISBN 978-7-5702-0352-9

Ⅰ.①慧… Ⅱ.①桂… Ⅲ.①小学－班主任工作 Ⅳ.①G625.1

中国版本图书馆CIP数据核字(2018)第081055号

责任编辑：施柳柳　　　　　　　　责任校对：陈　琪
封面设计：仙　境　　　　　　　　责任印制：邱　莉　王光兴

出版：长江出版传媒　长江文艺出版社

地址：武汉市雄楚大街268号　　　邮编：430070
发行：长江文艺出版社
电话：027—87679360
http://www.cjlap.com
印刷：武汉市首壹印务有限责任公司

开本：720毫米×970毫米　　1/16　印张：14　插页：5页
版次：2018年9月第1版　　　2019年11月第3次印刷
字数：161千字

定价：39.80元

版权所有，盗版必究（举报电话：027—87679308　87679310）
（图书出现印装问题，本社负责调换）

教育部长袁贵仁接见全国教书育人楷模桂贤娣老师

桂贤娣老师接受中央电视台采访

2011年教师节全国教书育人楷模颁奖大会现场

课堂上的桂贤娣老师

桂贤娣老师指导学生观察花卉

桂贤娣老师是电影《班主任》"许晓雅"原型

序

翻阅书稿，书名"慧爱学生"几个大字，跳入我的眼帘。显然，本书试图从一个新的视角去探索"师爱"的本源。

环顾中外，不少学者皓首穷经去探究宇宙的本源，地球的本源，人类的本源，中华民族和中华文化的本源。本源者，源头也，或云始发处，发源地。联想到习近平同志在庆祝中国共产党成立95周年大会上的讲话，八次提到"不忘初心，继续前行"，我不禁对本书的立意和作者的用心刮目相看了。

慧爱学生，意在回眸师爱的原点，探寻师爱的本质，不忘教育的初心。对桂贤娣老师而言，初心，是放飞梦想，锐意进取的决心；是坚持不懈，锲而不舍的恒心；是满怀期待，充满希望的信心；是献身教育无怨无悔，真诚而滚烫的赤子之心。

探索师爱的本源，意在揭示师爱的本质。回顾过去的三十年，我有幸与桂贤娣老师两度同事，可以说见证了其从一名默默无闻的乡村教师成长为"全国模范"教师的艰难历程。在与桂贤娣老师长期相处的岁月里，我常常在思考一个问题："是什么让其成长为一名全国模范教师？"个中的因素固然有很多，但在认真阅读此书后，我心中有了清晰的答案：她的成长源于对教育事业的执着，对儿童的理解，对师爱本质的不断追问。在桂贤娣老师看来，师爱是在学生有过失的宽容；是在学生生病时的关心；是在学生学习困难时的鼓励；是珍惜、尊重；是守护、启迪、等待……

她深知师爱不同于母爱、友爱，不是单纯的热爱，需要教师拥有爱的智慧。正是基于此，她提出"因生给爱"的教育思想，并在教育实践中不断探寻其规律。她像孩子一样与孩子交往，像孩子一样思考孩子的问题，像孩子一样理解孩子的需要，像孩子一样与孩子共度教育生活的美好。

细读这本书，我们不难发现，书中没有高深的理论，但真实地记录了许多桂贤娣老师与她的学生之间发生的小故事，每个故事里都蕴藏着爱的智慧，饱含着教育的情怀。正如陶行知先生所言："师爱是有别于父母对子女本能之爱，也不同于朋友之间的友爱，这是一种错综复杂的精神现象，是由教师的理智、美感、道德感凝聚而成的一种高尚的情操。"我想，桂贤娣老师"带着一颗童心而来，怀着满腔师爱育人"的高尚情操，正是我们阅读本书要从中吸取的教育精髓之一。

慧爱学生，分辑论述了有关"师爱"的十五个方面的问题。桂贤娣老师通过本真的教育故事，让我们认识了"师爱"的规律，也用事例揭示了"师爱"的内涵，形象地回答了师爱是什么。

师爱是一种理智的爱。它是人类特有的一种深沉、持久、无私的理智之情。这种深厚的感情，不仅仅出自个人的思想，也出自社会的需要，教育的需要，是一种蕴含着深刻社会内容和社会意义的情感。师爱不仅能给学生带来幸福，也是教师做好教育工作的最强大的动力之源。

师爱是使儿童成为他自己的力量。教育要想对儿童产生积极影响，最重要的就是成就儿童的需要，也就是满足儿童自我发展的需要。马克思指出："任何一个存在只有当它用自己的双脚站立的时候，才认为自己是独立的，而且只有当它依靠自己而存在的时候，它才能用得上自己的双脚站立。"罗杰斯也认为："每个人最希望达到的目标和他有意无意追求的目的不外是要变成他自己罢了。"因此，我们说，孩子最大的成长需求，其实就是希望成为他自己。而师爱正是以成就孩子自身为最高目标的爱，是使儿童成为他自己的最伟大的力量。

师爱是教育的灵魂，没有爱就没有教育。文化教育学家斯普朗格强调指出："教育的本质就是以爱为中介的文化传递。"教师只有植根于爱的土壤，把自己最真诚的爱献给教育，献给学生，才能真正实现教师这个崇高职业的价值。

本书共分十五章，每章之间，相互贯通，互有联系。浸润其中的是现代教育理念，弥漫其间的是感人至深的教育情怀，贯穿其中的是师爱的新思维。当今，人们思维方式正发生大变革，正如作曲家纽曼所强调的："生活就是变革，完美就是不断变化。"因生给爱，是智慧的爱，强调的是教师要学会因时、因地、因人而合理施爱，教师不仅仅要讲究施爱的方法，同时也要把握施爱的规律。列宁说："什么是规律？规律就是事物之间的关系和联系。"本书用生动真实的教育故事，论述了师爱诸要素之间的关系和联系，就是在探寻师爱的规律，揭示教育的本质，值得我们深思。

言及至此，凭窗眺望，窗外翠竹频添新叶，一排排高大的树木葱茏如初。不远处，绿草茵茵的空地上缀满不知名绽放的小花，生机盎然。我想，这是生活的精彩，象征为人师者，不畏艰辛，艰难前行的精神。此刻，再读这些充满智慧、弥漫教育情怀的文字，对作者，不只是刮目相看，而是肃然起敬了。真诚祝愿桂贤娣老师"不忘初心，继续前行"！

四月上旬，桂贤娣老师携书稿登门走访，请我为本书写序，言辞恳切，难拂美意，遂欣然允诺，信笔行之，情之绵绵，写了上面的话，是为序。

武汉市汉阳区钟家村小学校长　朱永军

二零一八年四月于汉阳凤凰山下

前　言　因生给爱 // 1

第一章　体弱生，爱在关心 // 1

　　在细微之处用心 // 3
　　家访，了解孩子的最佳渠道 // 9
　　"桂老师偏心眼儿" // 12

第二章　病残生，爱在得体 // 15

　　64 顶小红帽 // 17
　　一朵美丽的山丹丹花 // 20
　　允许孩子的"不愿意" // 23

第三章　过失生，爱在宽容 // 27

　　诚实比分数更可贵 // 29
　　恶作剧不恶 // 32
　　64 个小红包 // 36

第四章　屡错生，爱在启迪 // 41

　　桂老师，比我的妈妈还妈妈 // 45
　　我也能变好 // 48
　　不"弹劾"的小捣蛋 // 51
　　给孩子补点"精神钙" // 55

第五章　学困生，爱在鼓励 // 59

　　从"闭门羹"到"喜迎门" // 62
　　"丑小鸭"成长记 // 66
　　情感育人的语文课堂 // 70
　　呵护心灵的幼芽 // 73
　　消失的"不及格" // 78

第六章　向师生，爱在珍惜 // 83

　　童眼寻春记 // 86
　　咽喉炎与戒烟糖 // 90
　　孩子的牵挂 // 91
　　最美丽的戒指 // 92
　　乐乐的贺卡 // 95

第七章　背师生，爱在主动 // 99

　　崭新的梁晨 // 101
　　想当小嘉宾 // 103
　　"桂"计多端 // 108

第八章　个性生，爱在尊重 // 113

　　点化冰清 // 116
　　"小犟驴"变了 // 118

第九章　普通生，爱在指引 // 123

　　试卷大狂欢 // 125
　　有温度的评语 // 128

第十章　自卑生，爱在补偿 // 135

　　曾经，我也很自卑 // 138
　　乖乖，我想认识你 // 140
　　孩子，你的能力不容小看 // 146

第十一章　单亲生，爱在守护 // 151

　　巧用名字换姓的班会 // 155
　　一封家长会通知书的启示 // 159

第十二章　流动生，爱在平等 // 163

　　给孩子酿一滴甜甜的蜜 // 166
　　给一个机会，还一个奇迹 // 170

第十三章　贫困生，爱在无痕 // 177

　　为孩子注入精神的底色 // 180
　　特殊的午餐 // 185

一元钱的仙人掌 // 187

第十四章　超常生，爱在点拨 // 191

游离与约束 // 194
嫉妒与倾听 // 196

第十五章　顽劣生，爱在扬长 // 199

"晃晃"不晃了 // 201
巧用哥们义气 // 204

前言　因生给爱

我在一线工作了30年，其中在乡村工作了12年，共带了18个毕业班，当过一千多名孩子的班主任，由一名乡村女教师成长为现在的我，很多年轻老师问我："桂老师，您成功的秘诀在哪里？"我总是告诉她们一个字："爱。"

每周我都会重复问自己三个问题：你爱你的学生吗？你会爱你的学生吗？你的学生感受到了你的爱吗？这看似重复的询问，其实是不断地提醒自己——科学地爱学生，智慧地爱学生，给学生内心真正需要的爱。

长期的工作实践让我深深地感受到，每个孩子对爱的需求是不一样的。陪伴和爱是老师给孩子的最好的礼物，但也需要创意和方法。我巧用自己名字的来历，解决了单亲家庭孩子的改名难题；我暗送小红帽，巧设小红包温暖了特殊孩子的身心；我故意误换作业本巧治孩子马虎做作业的毛病……多年的经验使我总结出一套"因生给爱法"，这就是"体弱生爱在关心；病残生爱在得体；过失生爱在宽容；屡错生爱在启迪；向师生爱在珍惜；背师生爱在主动；普通生爱在指引；个性生爱在尊重……"

李镇西在《爱心与教育》的开篇说道："当一个好老师的最基本条件是应该拥有一颗爱学生的心！"爱学生是一门科学，也是一门艺术。什么是真爱？蹲下身子和学生平等对话是真爱，帮学生整一整衣领、提一下书包是真爱；给学生展开一张写着慈爱和真诚的笑脸也是真爱。真爱学生，就要走进学生的心灵，与学生进行心灵的交流，努力从每位学生身上找到金子般的闪光之处；真爱学生，不会将学生的"骄傲"看作甚于"毁灭其自尊和自信"的洪水猛兽，将用赏识为孩子提供梦想成真的自信和拼搏的激情；真爱学生，就是会清醒地承认学生的差异，会批评学生存在的不足和缺点，会在心中牢牢刻下对学生的尊重和宽容。真爱，不是慷慨激昂的口号，而是实实在在的付出，不是随处可贴的标签，而是点点滴滴的流露。有没有真爱，能不能真爱，在于作为教师的我们觉得学生可不可爱。我们眼中的世界是我们内心的投射。在你眼里，孩子是怎样的？

——"讨厌，天天告状，小间谍！"

——"脱别人裤子干什么？小流氓！"

——"讲多少遍都不懂！猪脑子呀！"

——"你们怎么都不发言？都哑巴啦？"

——"你为什么把墨水挤到自己嘴里？神经病！"

如果这是你眼里的孩子的模样——"间谍""流氓""猪脑子""哑巴""神经病"，那么，在我看来，你不仅不了解孩子，不爱孩子，甚至可以说，你并不具备好老师的基本素质。

那么，在我的眼里，什么是孩子呢？

——"老师有什么了不起，以后我要当校长！"童言无忌，这是孩子。

——"下雨了，地球在洗澡呢！"想象力多么丰富呀，这是孩子。

——"老师，他打我！""老师，他拿我的本子不还给我。"喜欢告状，这是孩子。

——"老师，我作业真的全做了，就是忘带了。"糊涂马虎，这是孩子。

——要做操了，同学们都迅速走出教室站好队，只有一个小家伙走在最后，以迅雷不及掩耳之势将一同学的笔放到隔壁座同学的抽屉里！然后，他手舞足蹈地走出去。装模作样，暗中捣鬼，这也是孩子。

——"同学们，今天我们来认识数字2，同学们在自己身上找找，有什么与2有关。"

"我有两只眼睛。"

"我有两个小鼻孔。"

一小男生站起来，将自己的上衣朝上一掀，用铅笔在自己的胸部左右各戳一下说："老师，我有两个mà mà！"

故弄玄虚，引人注意，这也是孩子。

——小王琰从外语学校转到我班，老师说：

"王琰，这次作业做得不好，能否重做？"（小声说）"Yes."

"王琰，跟桂老师一起把桌椅摆整齐。"（稍大声说）"Yes."

"王琰，帮桂老师去领校服。"（大声说）"Yes！"

"王琰，你的这篇作文写得真好！来，上台来读给同学们听听，让我们共同分享你的快乐！"（立正敬礼并高声地说）"Yes, madam！"

装腔作势，自我卖弄，这还是孩子。

——"一年级的苕（苕在武汉话里当"愚笨"讲），

二年级的贼（贼在武汉话里当"聪明"讲），

三年级的靓妹没人追，

四年级的帅哥有人围，

五年级的情书满天飞，

六年级的帅哥靓妹一对对。"

胡言乱语，故作成熟，这仍是孩子。

这都是我眼里的孩子，因为在我的词典里，对孩子是这样界定的：孩子是不成熟的人，是正在成长中的人。因此，他们就会今天犯这样的错，明天捣那样的蛋，后天可能搞你意想不到的恶作剧。如果老师理解了这一点，那么无论学生好与坏，优与劣，无论学生调皮与乖巧，无知与懂事……老师都会坦然地接纳、包容。

当我们爱的能量越充足，越能由衷地悦纳孩子，把倾听他们的心声、关爱他们的疾苦当作自己的天职，而这样的悦纳也会让我们感受到作为教师的幸福和意义所在。李吉林老师曾写过这样一段美丽的文字："看山看水小学最美，儿童最让我爱恋。从此我像农民忠实地守着自己的园地，不断地耕耘，不断地播种，不断地收获。泥土般的气息，稻谷似的芳香，仿佛又有清粼粼的河水流淌，让我享受着田园诗人般的纯净与甜美。"我很欣赏这份爱，也很能认同这份教师独有的幸福感。

有一次遇到年轻的刘老师、王老师、张老师，她们问我："桂老师，为什么您的学生那么喜欢您？我们也同样很爱我们自己的学生，但我们和学生之间的关系怎么就没有您和学生之间那么和谐呢？"

我看着这些年轻的老师们，走到刘老师跟前问："刘老师，你爱你的学生吗？"

"爱！"

我又走到王老师面前问道："王老师，你爱你的学生吗？"

"爱！"

我又走到张老师面前问道："张老师，你爱你的学生吗？"

"爱！"

……

我得到了每个老师相同的答案后，什么话也没有说，离开了她们，趁她们不注意的时候一一来到了她们的教室去寻求学生的答案。

我来到刘老师班上，随机问学生甲："请问你是刘老师班的学生吗？"

"是的。"

"你觉得刘老师喜欢你吗?"

"刘老师喜欢班长。"

我又问学生乙:"你觉得刘老师喜欢你吗?"

学生乙看着我,抿着嘴不吱声。

我又问学生丙:"你觉得刘老师喜欢你吗?"

学生丙说:"刘老师有时喜欢我,有时又不喜欢我。"

我说:"刘老师什么时候喜欢你,什么时候不喜欢你呢?"

学生丙说:"我上课回答问题回答得很好的时候,刘老师给我竖起大拇指,其他时候从不对我笑一下。"

我来到王老师班上,碰到几个学生在一起玩耍……

学生甲说:"我觉得王老师喜欢成绩好的同学,特别是前十名的同学。"

学生乙说:"王老师喜欢张某某同学,因为张某某同学的妈妈跟王老师是同学。"

学生丙说:"我不知道王老师喜不喜欢我。"

……

我来到了张老师班上,同学的回答特别不同。

学生甲说:"老师,你是谁?你是教育局的人吗?我回答了,你会不会告诉张老师?"

学生乙说:"我觉得张老师最喜欢刘某某,因为刘某某的父亲是学校领导,直接领导张老师,张老师点了名在班上表扬刘某某的作文,有时候还把刘某某带到自己家里去。"

学生丙说:"张老师比较喜欢我,他总是对我笑,夸我聪明漂亮。"

学生丁说:"我们张老师喜欢我同桌,我的同桌过生日时,张老师给她梳辫子，给她梳很漂亮的新疆辫子，一个头上梳了十六个辫子，同桌很开心，照了很漂亮的照片。我过生日的时候，张老师也给我梳辫子，我觉得一点不好看，因为我不喜欢新疆辫子，所以我一张照片都没照。"

"我爱学生，可为什么学生感受不到我的爱？"给年轻老师讲座时，我时常听到这样的抱怨。我相信老师都是爱学生的，可关键是怎么爱。无论是时代的变革，社会的发展，教育环境、教育对象的变化，师爱永远是不变的法则。但同时，师爱又是一门深邃的学问，有着很强的教育艺术性。这就需要我们的教育理念、教育策略与时俱进，如果我们缺乏开拓创新的思路，就会出现"爱不得法"，而造成教育低效，甚至无效、负效的现象。

亲爱的老师们，学生是一个个生命鲜活的个体，他们看似一样，其实各有各的家庭环境，成长背景，所以给予的爱也必须因人而异，在处理孩子的错误与麻烦时，也要用心思，既要解决问题，又要维护孩子的内心。他们身上每时每刻都发生着或大或小的教育故事，这就要求我们在给爱施教的过程中善于敏锐地抓住教育时机，迅速准确地选择爱生的方法，根据孩子的身心特点与实际需要科学地、艺术地给予爱，这样的爱才能最大化地调动学生的真实情感，激活学生的潜在智能，这样的爱才是真正的爱、智慧的爱、具有教育效应的爱、促进学生全面成长的爱。

在我看来，教育应该有三个环节：第一是"有教无类"，强调教育的公平化。第二是"因材施教"，倡导教育的个性化，像因材施教一样，爱也应该"因生给爱"，"因生给爱"就是要树立和谐平等的师生关系，教师与学生应互相尊重、互相理解、互相信任。因为，在师生平等的校园里才会有真实的学生，"平等对话，教育才真正开始"。（李希贵语）在前两者的基础上才能有第三个目的——人尽其才，成就教育的人性化。

作为新时期的班主任，必须具有面向学生未来发展的教育观，对学生现在负责，对学生一生负责。孩子未来就掌握在我们手上。新加坡政府在给校长的任命状上写道：你要时时刻刻意识到有无数孩子的未来就掌握在你的手中。你的言行举止，你的一切不仅决定民族的未来，甚至决定着每一个家庭的幸福。所以老师们，我们要提升自己爱的能力和品质，做到"一生一策""一时一策""一事一策"，让平凡的教育工作变得有声有色，充满灵动和生机。从会爱到慧爱，最后惠及每一个学生，每一个家庭，让他们也将这种爱的能力传递下去，你就会发自内心地感受到教师这份职业带来的幸福。

第一章
体弱生，爱在关心

桂老师手记

什么是师爱,如何践行师爱?在我看来,老师对学生的爱,应该如同绵绵春雨"润物细无声",不在于轰轰烈烈,而是细微之处见真情。特别是对那些身体状况不佳的孩子,平时爱感冒的,挑食的,体质较弱的,生活上有特殊情况的……作为老师的我们,要对这些孩子多一份细心的观察,体察学生身体的种种不适,理解他们因为生病带来的情绪波动,安慰、鼓励、疏解,用他们能接受的方法去爱他。

在细微之处用心

常有父母私下拜托我,老师,请您在学校多帮我照看着孩子。父母对子女可谓是用心良苦。孩子小时候,父母的照顾无微不至,照料孩子起居,陪伴孩子玩耍。可从进入幼儿园开始,一天24个小时,除去晚上睡觉,大部分时间孩子都在学校度过。可以说,入学后孩子与老师相处的时间最长。如果老师对孩子多关心一些,观察时再仔细一些,这对父母来说无疑是雪中送炭。

小学阶段正是孩子生长发育的黄金时期,健康的身体将为孩子今后的学习和生活都会产生积极的影响。反之,没有好身体,就没有充沛的精力去面对初中、高中繁重的课业压力。所以,在小学阶段,老师如果能对体弱生多加关心,强壮其体魄,孩子的一生都会受益。从教这么多年,我对体弱生的关心渐渐形成了几个传统。

"小冰手"暖和啦

冬天的早晨,寒风刺骨,刮在脸上又冷又疼。全校学生和老师站在操场上参加升旗仪式。尽管穿着厚厚的羽绒服,我仍然感觉寒气往衣领里灌。孩子们一个个像寒风中的小树,瑟瑟发抖,小脸冻得冰凉,缩着脖子,裹紧衣服。这时我会悄悄地走到班上那几个体弱学生的身边,握握他们的小手。哦,暖烘烘的小手有两三只,冰冷冷的小手有五六只!我心里有数了!等升旗仪式一结束,我就带着那几个"小冰棍"或围圈跑步,或跳绳拍球,十分钟左右,一张张小脸就变成了红苹果,红扑扑的。我心里一热,不禁想起我的小学班主任姚青枝老师在三九冬天牵我的小手跑步的情景。

"贤贤,我们班数你的小手最冰、最冷,我陪你跑步好不好。"

"贤贤来,我们跑一跑,小手就暖和了。"

"哈哈,小手暖起来了,小脸红润起来,小脚肯定不木了吧!可以回教室上课去了吗?小手可以写字了,小脚可以不用跺地了……"

……

"来,孩子们,桂老师摸摸你的小手,暖和了没有?"我把微微喘着气的几个孩子拉到我的身边,嗯,手已经变得暖暖的了。我拍拍孩子的肩膀,"走,咱们上楼上课去。"

小背心的故事

一到换季,天气总像孩子的脸说变就变,刚刚晴空万里,转眼间就阴云密布。每逢这样的天气变化孩子最容易感冒生病。当老师久了,留意到变天,我一定会到班上提醒体弱的孩子:"天气凉了,你们几个把马甲赶快穿上了,把扣子扣上,免得到时候又咳嗽又感冒又流鼻涕,知道不!"对其他爱出汗的孩子,我则叮嘱他们:"你们几个怕热,把马甲披上,不用扣扣子。"……

新接班第一周召开家长会,我总是拎着一个大包袱走进教室。包袱里装着我的演示道具——不同季节、不同厚薄的背心。我把背心一一展示给家长们看,并讲解大人孩子穿背心的好处——方便写字、干活。

我请家长给孩子务必买两件厚薄不同的小背心，并且一定要买扣扣子的，不要买套头的。因为扣扣子的背心方便穿脱，方便调节温度。

平日里，我经常提醒孩子们穿脱小背心，时间久了，我对孩子们的关心和叮嘱也让孩子们学会了关心他人，懂得从别人的角度考虑问题。有的孩子对我说："桂老师，要是天气突然变冷，如果有的同学在体育课上脱了衣服，没有及时加上，我们就提醒他。好吗？"我说："好孩子，那当然好。"有时，还没有轮到我开口，孩子们就提醒我："桂老师，变天了，您也记得加一件背心哦！"

爱心"救急站"

我自己是女性，所以非常了解女生的生理情况。

一般情况下，我的学生读到五年级的时候，我就会习惯性地为我班上的女生准备备用卫生用品，这是为了应对小女生的尴尬。小女生生理期不准确，等自己察觉例假来了，发现没有带卫生用品，女孩子会特别的不好意思，只能悄悄向其他女同学借。我知道小女生生理上有了变化后，都特紧张、特害羞、特别怕别人知道，借卫生用品这样的话更是难以启齿……

我通过观察某些女生的胸部发育情况来判断是否有例假，无法准确判断的就跟她们的妈妈打听。有了这样的第一手资料，我就会悄悄地跟部分女生说好：我那里有"救急站"，情况紧急不要慌，到我办公室最里面的抽屉里去取，啥牌子的都有。拿什么牌子的卫生用品，拿了几个，第二天、第三天要及时还进"救急站"，要把还进来的卫生用品的购买发票，一起包在袋子里面还进来。不然，你们买了三无产品，害了其他女生，那可就麻烦了！所谓卫生用品一定要卫生！

有一个大暴雨天，我们班的琦琦担心迟到，吃完早餐就飞奔出了家门。看到女儿床上放着的卫生用品，琦琦妈妈急得大喊："琦琦、琦琦，东西忘拿了！"琦琦爸爸笑着说："别急别急，女儿的这些东西，桂老师早就准备好了，桂老师救急站里的东西比你的还齐全！"妈妈一听，放下心来，不喊也不追了。

存"爱"的小银行

爱心银行是我另一项有意义的"发明"。每学期开学的前三天，我都会准备几十元零钱放在办公桌右边的抽屉里，以备孩子们的不时之需。我对班上体质较差的几个小家伙说："我的'小银行'里有钱，如果你们需要加餐或是下雨天没人送饭，就去我的抽屉里拿。钱虽然不多，但足够应急。"我告诉他们，"爷爷奶奶腿脚不方便，不要随便让他们送这送那，肚子饿了，就去我那拿几块钱买点东西吃；下雨天，爸爸妈妈工作单位远不方便送伞，你们就拿钱坐公交车或者打个车回家，让他们安心上班。"

不久前，我的一位学生考到中国人民大学。开学前，他在工商银行工作的妈妈找到我，不由分说就要给我30块崭新的零钞。这位妈妈说："桂老师，您让孩子拿了钱以后也不记账，拿多少还多少，我儿子没少从您那里拿钱。我就跟儿子说，你拿了桂老师的两块钱，不许只还两块钱，还得多还一块钱，还有利息呢。以后每次开学，我都给你班里的孩子准备30块钱新钱，这新钱孩子们拿着细菌少一点，也让这个爱心银行继续传递下去。"

我感谢这位妈妈如此细致周到。其实，她不知道，爱心银行的钱从未少过。上学期，我准备30块钱，到了期末，我的抽屉里竟然多了几块钱，这还成了班级里的一桩"悬案"呢。我查了许久，孩子们都说不是他们放的。后来一次家访中，有三四个妈妈才偷偷告诉我，有可能是她们考上初中的孩子悄悄放进去的，因为这些妈妈都要求孩子多还一块钱给我。我就劝她们按我的要求来，她们笑着点头。

安心的体育课

班上有好几个孩子个子很小，比同龄孩子矮半个头。个头小，力气也小，我担心班里大个子男孩们玩游戏玩得太高兴，做出一些危险的举动。我对这几个小个子说："你们几个在一块玩，有些游戏尽量不要参加，注意安全。"

到了三年级，有些孩子要求自己走路回家，我叮嘱他们："放学的路上，如果看见有人在打架，你们就得离得远远的，知道吗？因为拳头不长眼睛，人家的拳头一下子挥过来对你很可能是致命的。你们要学会自己保护自己。"

体弱生的身体状况不太好，体育课上的训练时常难以达标，大多数孩子都喜欢的体育课，体弱生却感到发怵。好几个孩子偷偷告诉我，有时候他们怕自己动作做不到位，跑步太慢，跳得不高，同学会嘲笑自己，所以，一跳马，他们几个就自动靠边。我对他们说："可以稍微降低难度或标准，如果跳马困难很大，可以请体育老师把跳马改成练习跳沙坑，不能连续跳，我们可以尽量地跳一两次，中途休息一下再练习，强度可以降低一些。"孩子不好意思跟体育老师说，我便牵着他们的手把情况跟体育老师一一说明。有了这样"特殊的体育课"，体弱生就敢于积极训练了，这些孩子在反复练习中，也有了小小的进步，身体也得到了锻炼。

这些故事都是班主任日常工作中的很小的点滴，而烦琐的工作不正是这些点点滴滴构成的吗？所谓，积小流以成江海。老师的爱细细绵密，才能汇聚成宽广深沉的大海。我相信，从生活中的细节，学生和家长更能够感受到老师的爱。教师的一言一行对学生潜移默化的影响和教育是最直接的，教师的情感最能培养学生的情感，教师高尚的人格最能影响学生的人格，所以，我更相信，爱可以互相感染，爱可以薪火相传，这就是以情育情的真谛。

家访，了解孩子的最佳渠道

家长是重要的教育资源，他们最了解自己的孩子。一个智慧的班主任应当创造条件，搭建与家长沟通的桥梁，达到家校合作的最佳效果。

每年8月底，新生报到的第一天，这是班主任和学生的第一次见面。这一天，班主任一般都会为新生登记，建立"学籍档案"，比如了解父母姓名、家庭住址、电话号码等，以便今后联系。而在我看来，班主任不仅仅只了解一些基础信息，还要"越俎代庖"，对学生的情况有一个深入全面的了解。

所以，在我的新生入学登记表上，除了基础信息，还对学生的兴趣爱好、性格特征、身体状况等都有所涉及。对于学生上学前的成长环境、家庭教育中谁占主导地位，以及生理缺陷等这些不便设计在表格里的项目，我则通过与家长和孩子聊天的方式巧妙地进行了解。但是，有的家长"讳疾忌医"，往往不愿意在学校里或当着其他家长的面说自己孩子学习或身体的缺陷，只愿意说自己孩子的长处，担心老师对自己的孩子另眼相待。所以，除了登记，对于新转来的、插班进来的、组建的新班级，或者接手一个新班，我还要做的另一件事就是家访。

有的老师也许会说，现在微信、QQ、电话等通讯方式都非常便捷，老师可以第一时间联系到学生家长，为何还要家访？但是再便捷的通讯方式也无法替代人与人之间面对面的交流、身体的姿态、眼神的交汇、语言的温度，这样的家访更容易拉近老师和家长之间的距离。家长最了解自己的孩子，当老师家访到学生家中后，眼见为实，不仅可以获得第一手材料，还可以通过观察了解家庭经济状况、家长的教育方式等更多信息，而且在家长和学生熟悉的场景中询问，家长往往会实话实说。

不久前，有一个小男孩转到我们班上，我发现这个孩子和其他孩子不大一样。体育课的时候常常一个人坐在草地上。下课时，其他孩子一窝蜂跑到操场上玩耍，他却趴在栏杆上发呆。每天的课间阳光半小时，他却很少"阳光"。我怕他是因为刚转学不适应，便走过去和他聊聊天，说说话，却意外地发现孩子额头、后背不停冒虚汗。我想：这个孩子不活泼，也不合群，不知是性格内向呢，还是身体的原因呢？

家访的时候，我把我观察到的情况如实告诉给孩子的父母，并提出了我的疑惑："孩子有没有哪些方面需要我特别注意的，也麻烦家长提醒我，要不要跟班上某些同学或者他的同桌说一声平时要注意的事情？"听到我提出的疑问，孩子的家长面露尴尬，我知道他们有难言之隐。我说道："我并没有别的意思，你们信任我，才把孩子交到我的手上。把孩子真实的情况告诉我，对孩子的成长也有好处。当然，如果你们不愿意说，你们可以多了解我一段时间，等你们觉得合适的时候再跟我说，我下次再来。"男孩的父母听了我这番话以后，才放宽心："桂老师，没想到您观察这么细致。我们家孩子有先天性心脏病，在原来的学校，老师总觉得他身体不好，体育课上、运动会上他不能这样不能那样，要注意的事项太多，难免总把他特殊对待。同学们也有点歧视他，给他起个绰号叫'病秧子'，后来就叫他'秧子'。孩子也特别自卑，我们怕再这样下去，孩子的一辈子就毁了，所以我们就转学了。"

我恍然大悟，原来是这样，"我也同意你们的观点，男孩子应该有男孩子的样子，活泼开朗才是他的本性，更利于他健康成长。那么医生建议他的活动程度有多大,也请你们告诉我,这样也利于我提醒其他小朋友和他交往时注意分寸。"这次家访我与家长沟通了近九十分钟。之后,我对这个孩子的情况就心中有数了。

对于班级中的体弱生,每次家访,我必然多一份细心。除了了解孩子和家庭教育方面的信息外,我还会到体弱生睡眠的小房间,查看一下孩子睡的床,铺的床垫是否舒适,盖的被子是否厚薄适宜,与家长絮叨一下孩子以往的成长经历,小时候是不是爱生病,一般是哪方面的疾病,饮食方面如何,儿科医生有什么建议,气候变化时要注意些什么。知道了这些,我对体弱生的身体状况便有了比较深入的了解。我会跟家长商量,如何使孩子睡得舒服,在学校吃得营养,锻炼得适度,以利健康成长。这样的家访,让我在工作的第一时间体察到体弱生的身体变化,及时提醒体弱生加减衣服,多吃蔬菜、多喝水,在孩子出现生病的端倪时及时告知父母,我的心里有数既避免了工作上的"一刀切",更让父母少了一份牵挂,多了一份安心。

"桂老师偏心眼儿"

小学的孩子，尤其是男孩子，活泼好动是天性。而当下的学校教育是以语言的传授为特点的，"静文化"的课堂对于男孩来说更需要宣泄过剩的精力，所以，一下课，男孩子三五成群，在楼道间你推推我，我撞撞你，蹦蹦跳跳，追追打打。很多老师总怕男生惹事生非，常常冲着男生喊"回教室静息""不许打闹""不许跑来跑去"，相对而言，我倒宽容很多。男孩子嘛，小打小闹是常事，不打架长不大。但是，对于体弱生来说，却经不起这样的玩闹。体弱生原本就比较"娇贵"，父母也格外留意，生怕孩子受到欺负。所以，在处理此类事件，老师需要花一些心思。

有一次，我走进教室，发现班里气氛不对，几个男同学脸花花的，横眉瞪眼，怒气冲冲，而另一个小男生正埋着头，脸上还有泪痕。我一看到他们的表情便估摸几个孩子下课发生争执了。我没有细究谁对谁错，而是用目光扫视了几个调皮鬼，和颜悦色地对全班同学说："同学们，人都有脾气，同学之间的矛盾再大也不过是伙伴之间芝麻绿豆的小事，不是深仇大恨，无非就是他碰了你一下，你再把他打了一下，说句真心话，同班级、同年级的孩子，你打我一拳，我踢你一脚，因为年龄相差不大，他的一脚有多重，你的一巴掌也有多重，大家彼此彼此，所以打完架不要老是想着自己受了多大的委屈，更不要太计较他多打了我一下，小朋友之间没有隔夜仇……"

"当然，如果是以大欺小、以强欺弱就另当别论，"我话音一转，看着那个正抽抽搭搭的男生，用开玩笑的口吻说道，"这些弱小的同学可是桂老师的特别保护对象。学校里要是发生了火灾，桂老师一定第一个就把他们带出去，其他同学我一个都不带，为什么？"

同学们面面相觑，有些孩子私下嘀咕起来："桂老师偏心眼。"

我乐了，"你们呀，一个个身体比我都好，跑得比兔子都快，都快赶上世界冠军刘翔了，还需要我救？"

同学们听了我这一番话，一个个哈哈大笑，紧张的气氛一下子就缓和了下来，刚才还在抹眼泪的男孩也咧开了嘴，班上几个弱小的同学因为有了我"撑腰"，多了一番底气，一下子有了精气神，而几个调皮的男生不好意思地吐吐舌头，小喇叭王坚大声广播："桂老师，我知道了，我们今后脾气来了还是要冷静地思考一下，对班上一些身体比较弱的同学应该多照顾。"我微笑地赞许他的聪明，摸摸小男生们一个个圆溜溜的小脑袋说："说得好。冷静、理智，有再大的脾气也绝不能拿工具。还要记住一点，同学之间尽量不要发生冲突，要多站在别人的角度去理解别人，这不就是老师经常说的同理心吗？"

很多时候，老师往往扮演着高高在上的角色，对犯错的学生横加指责，只关注问题，不考虑情绪。而在教育工作中，情绪往往优于问题。我的"无的放矢"既表明了我对体弱生同情、关怀的态度，又用幽默的方式解决了孩子们的矛盾，开放自己与学生的对话。在这样的情境下，老师"偏心"的善意才能被学生理解和接纳，老师才能真正走进孩子们的情感世界。

第二章 病残生,爱在得体

桂老师手记

教育是心灵的艺术。孩子的内心世界,简单而阳光,却也是敏感而脆弱的,尤其是那些残疾学生或有特别病史的学生。他们中,有的孩子身体机能有缺陷,智力低下、肢体残疾;有的孩子患上了一些比较严重、特殊的疾病,这些孩子从小就生活在病痛之中,无法像正常的孩子一样"放肆"地玩耍,他们的内心往往有较强的自卑感,而自卑感容易导致形成个人偏颇的人格,这样的心理特质更需要老师特别关注。有些病残生的父母因为某些原因,不愿意把孩子送到特殊学校就读,希望孩子享受正常的教育。在普通的学校里,病残生与其他普通孩子之间的区别更加明显,因此,教师的责任和使命告诫我们必须将特别的爱给特别的他们。

很多时候,教师对学生的爱往往基于自身的经验,凭借直觉来关怀学生,并没有注重个体差异,考虑到孩子的感受。在我看来,爱孩子就应该以尊重理解为前提,尤其是这类生理、心理不同于普通学生的病残生,他们自卑感强,比一般的孩子更加敏感脆弱,他们十分在意别人对自己的态度和看法。对待这类学生,老师太热情,他觉得你是同情可怜他;老师太冷淡,他觉得你是嫌弃歧视他。因此,对他们的关爱一定要讲究方式方法,爱得科学、爱得得体,否则就会事与愿违。

64顶小红帽

2000年，我们班聪明可爱的女生小吕不幸身患癌症，因为连续的化疗，她满头的黑发脱落了，再也不能梳各种好看的小辫，也不能戴漂亮的蝴蝶结了。一想到要光着头上学，小姑娘难过得哭了。可是，她又不想因为生病而缺课，更舍不得老师和全班的小伙伴，所以小吕内心十分的难过和纠结。

我去医院看小吕时，小吕的妈妈悄悄把这件事情告诉了我。我想起《苏珊的帽子》，小女孩苏珊化疗后需要戴帽子上学，老师便让全班同学学习认识各种不同的帽子，小朋友们都戴上了各式各样的帽子，让苏珊觉得自己并没有什么特殊之处，于是很自如地与同学相处。想到这里，我就把六个班干部找来，开了一个会。当班干部的孩子一般会成熟一些，在班里是小大人，我对他们说了我的想法："今天桂老师要跟你们说的这件事，我不希望有人传出去，因为这件事关系到我们最亲近的小伙伴。我们班的小吕不幸得了白血病，你们是同学，是好朋友，我希望你们几个班干部能起到带头作用，平常要多关心她，帮助她。另外，我想请你们和我一起编一个善意的谎言。明天我会先去买60多顶小红帽，后天我们全班每个人都戴上帽子，去郊外野营。我也送一顶到她家去，让她戴着帽子跟我们一块去，这样她就不会觉得很奇怪，不会觉得自己是另类，也会玩得很开心，你们明白吗？"他们异口同声地说："明白。"他们又问："那桂老师，野营回来怎么办呢?"我说:"这就是你们六个人的事情了,回来以后,你们六个人就要每天戴着帽子上学,这样,她就不会觉得尴尬。""桂老师,在教室里上课怎么能戴帽子呢?"我说:"有些音乐家在音乐厅里演奏也戴帽子,有一位女歌手每次都会戴不同的帽子上台演唱,非常漂亮,人称'帽子歌后'。戴帽子怎么了?帽子戴得好是一种气质。"几个小大人边笑边点头。

第二天,我就到汉正街买了60多顶小红帽,当晚就悄悄地送给小吕母亲一顶,并请小吕母亲明天早上带女儿到学校上学。

第三天一早,"小红帽"在爸爸妈妈的陪伴下,羞涩地来到了学校。她走进学校,走到教室门口,扭捏了很久,怎么也没有勇气走进教室。是啊,这是一个本不该戴帽子的季节,如此模样走进教室,同学们会怎么看呢?小姑娘仍显得信心不足。

"吕乖乖,不要怕,快来呀,老师和同学们都等着你呢。"我微笑着鼓励她,牵着她的小手推开了教室的门。她跟在我的身后,鼓足勇气走进了教室。天啊,教室里一片红,全班60多人竟然都戴着小红帽!她惊呆了,半天说不出话来。这时,班长带头鼓掌,同学们都热烈鼓掌欢迎小吕回来。

"欢迎你参加班级野营活动。"班长拉起她的手。小女生高兴地笑了,笑得那么灿烂,她转过头对站在窗外的爸爸妈妈招招手,说:"爸爸妈妈,你们回去吧,你们回去吧。我上学啦!我上学啦!"说完,她在同学们"欢迎你回来"的呼唤声和掌声中回到了自己久别的座位。

站在教室外的妈妈透过窗户看到了这一幕,感动得热泪盈眶,她向我深深鞠了一躬,说:"谢谢,谢谢桂老师的良苦用心。"我的眼圈也红了,我对孩子的父母说:"对于你的孩子和家庭的不幸,作为孩子的老师,作为你们的朋友,我无能为力。我能为孩子做的只有这点小事,实在是不敢言谢，只要吕乖乖高兴，我就高兴，愿孩子早日恢复健康。"

从那天起，我们班便有了一道独特的风景线，无论阴晴冷暖，无论严寒酷暑，班上总有五六个同学戴着小红帽上学，这似乎成了全班同学对小吕的一份承诺和默契。小吕也很好奇，为什么总有同学跟她一起戴帽子呢？有的孩子的回答很有意思，他说："我奶奶把我领到归元寺，归元寺的方丈跟我说，要我十天里有九天都戴着帽子，这样我才不会生病。所以我决定每天都戴。"也有的孩子说："妈妈告诉我，现在的司机开车水平都不怎么样，戴着红帽子很打眼。"还有的孩子说："现在太阳太大，我怕把自己晒黑了，听说屋子里的灯光也有辐射。"小吕信了，也快乐地每天戴着小红帽上学。有的孩子怕自己忘带小红帽，总是提前放在书包里；有的同学每到周末，总记得把小红帽洗得干干净净。我们班的学习委员平常总是一副高冷的样子，却是"小红帽"中坚持得最好的，他总是在进校门前就把小红帽戴上，怕小吕看出"破绽"。

原来我的孩子们是这样细心，我为他们的善良感动。我想，教育的最宝贵之处，是用情感育人，教师善意的一言一行最能激起孩子心中美好道德的萌芽。特别是当班级有体弱生和病残生的时候，教师要注重对班集体进行爱的教育。教师要引导学生关爱同学，帮助同学，有一颗怜悯之心。著名教育家李镇西每接手一个新班，都会送给学生一个关于"爱"的见面礼："让人们因我的存在而感到幸福。"他告诉孩子们："这既是一种伟大崇高的价值观念，同时也是一种平凡朴实的实践行为。用精神播撒精神，以真情赢得真情。做一个'让人们因我的存在而感到幸福'的人，往往只需要'举手之劳'。"就像我们班的"小红帽"们，给小吕持之以恒的关心，一学期下来，小吕不仅学习没有落下，心情也变得乐观开朗。直到小学毕业，我们班上的"小红帽"才光荣下岗。

一朵美丽的山丹丹花

在汉阳区永丰乡快活岭小学任教的时候，我们班上有个小女生叫丹丹，是先天性小儿麻痹症患者。她长期坐轮椅，课间小朋友玩耍时，她只能眼巴巴地望着。有一天，我们班组织到蔡甸马鞍山野营拉练，全班一起商量活动前的准备，班长问我："桂老师，全班59位同学都去吗？"我点点头："嗯。那当然。"这时体育委员说："桂老师，是58位同学，怎么是59位呢？"我说："不啊，59位同学啊，全班都去，一个也不能少！""那么远，张丹丹怎么能去呢？是58位吧。"体育委员看了丹丹一眼。

我把头一抬，丹丹也把头一抬，她期盼地看着我，她的眼睛里充满了渴望，是啊，她也是班级的一员，难道她不想野营？我看着她，她看着我，我们两个脸上都没有笑容，但内心并不平静。我知道她怕我会摇头，生怕我说"那丹丹是不能去"。此时，全班同学都看着我，等我表态，我依旧坚定地说："就是59个。"话音刚落，丹丹一下子趴在了桌子上，眼泪刷刷地往下掉，我连忙走过去，给她擦干眼泪，对她说："只要桂老师我上了马鞍山，你也就上得了马鞍山。"

丹丹看了我一眼，头埋得更低了："桂老师，我知道，平时我给班里的同学，给您添了很多麻烦，这一次，我想我给您添的麻烦更大，山那么高，您身体也不好，爬上去本来就费劲，还要带着我。我先不答应您，我回去跟爸爸商量一下，看能不能让爸爸请半天假，用车载我过去。"丹丹考虑得很周到，但我怕孩子失望，便说："这样吧，爸爸要是没时间呢，我就和数学老师陈老师两个人用自行车换着推你，还有吴俊杰，他都一米七了，到时候会搭把手的，你放心吧。"班上同学都笑起来，吴俊杰就说："桂老师，你放心，只要用得上我，我一定行！"农村的孩子就是这么朴实，我向他投去了赞许的目光。

果然，回家后，丹丹爸爸坚决不同意："不去，你自己这个样子，跑去干什么？你要是掉队了，桂老师带着你还要追上队伍，给别人添麻烦。我们不去。"第二天上学，丹丹找到我，失落地说："桂老师，我就不去了。爸爸不同意，我也觉得给大家添麻烦。"她一边说一边掉眼泪。看着她难过的样子，我小声地对她说："去，别的你不管。我们都准备好啦。"

我找到数学陈老师，说明了丹丹的情况，陈老师二话不说便答应了："你放心，我推着自行车也不能骑，正好让丹丹坐在我的车后面。"

就这样，全班同学出发了，挑战攀登马鞍山。那天，丹丹穿得格外漂亮，头上扎着马尾辫，特别精神。

我表扬她说："丹丹今天真好看，就像一朵山丹丹花。"

丹丹高兴地说："桂老师，人逢喜事精神爽，我今天特别高兴。"

"你有什么喜事啊？"

丹丹笑了："当然了，今天我和同学们一起参加活动啊！"陈老师也跟着笑。

我和陈老师换着推丹丹，班上的四个男生也凑过来说："陈老师，桂老师，我们也来帮忙，一个人推几百米再轮换。"就这样，不知不觉，我们推着丹丹到达了马鞍山，那天，我一点也不觉得累，问问同学们呢，他们也说："不累不累！"全班同学都很开心，同学们把丹丹抬在中间，在马鞍山上照了大合影，山顶成了欢乐的世界。

在儿童成长时期，优越感、自卑感在每个孩子的身上都兼而有之。因此，每个孩子都会努力争取成功以克服自卑感。但是，人的身体缺陷造成的心理反应会加剧自卑感，就像三座大山压得孩子无法喘息，这样的情况下，过度自卑会让他们夸大自己遇到的困难，从而削弱克服困难的勇气。那天之后，丹丹征服了马鞍山，也征服了她心里的那座自卑的高山，从此变得阳光、自信。

后来，丹丹小升初考试取得了优异的成绩。丹丹妈妈特地来学校感谢我说："不知道是我女儿前世修来的福分呢，还是我前世修来的福分，遇到这么好的一个班，遇到这么好的老师。我本以为她这一辈子都不会有笑容了，但是现在，她觉得自己跟同学们没什么区别，她还说，马鞍山野营那天，是她最快乐的一天。"

面对像丹丹这样的孩子，我曾经也很苦恼：我每天怎么要处理这么多事情呢？怎么教个小学这么累呢？孩子腿不好，就要扶着她上厕所，一天几次；一个孩子得了中耳炎，每天要给他擦几遍药……但是每当我面对他们，看到他们的笑容，感受到他们在老师的关爱下焕然一新，我感觉自己置身于一片朝阳之中。我的工作是在朝阳中作息，我甚至觉得，他们是生命给我的特别馈赠，是生活发给我的特别福利——我仅用一点的爱，交换着孩子身上蓬勃的朝气，我除了感动与感恩，除了努力工作，我还能做什么呢？爱，也让我获得了心灵的成长。

允许孩子的"不愿意"

俗话说,"一个好汉三个帮,一个篱笆三个桩"。一个人的力量是有限的。遇到班级有病残生,班主任难免有特殊情况无法分身,这时老师可以发挥班干部的作用,调动集体的力量,跟老师一起把正能量的行动坚持下去。这也能培养孩子们的爱心和责任感。但是有的班干部私心很重,这样的孩子不在少数,你叫他帮帮忙,搭把手,他总有理由。有的说:"桂老师,我作业还差一点就做完了。"有的说:"桂老师我今天身体不舒服,头疼。"我只好说:"明白了,明白了。"

面对这样的孩子,我陷入沉思。或许是因为独生子女在家中更多的是享受关爱,而不懂得如何付出关爱?或许我的教育方式存在问题?对于这些孩子,老师是不是应该去苛责他们缺乏爱心呢?在我看来,每一次的困难和问题都是一次教育契机,而如何把握这样的契机更在于教师的智慧。

丹丹腿不好,每次都是我扶她去厕所。有一次,我正巧有点急事脱不开身,又到了下课时间,我随口便对班里的一个女孩喊道:"黄冰,帮帮丹丹好吗,扶她去一下厕所。"本以为这个平日里很热心的女孩一定会满口答应,谁知她愣了一下,走到我身边,低声说:"桂老师,我想跟您说句话。"她把我拉到教室后面的角落里,小声说道:"桂老师,我妈妈不要我碰她。"我想,孩子对我说这样一番话心里一定不好受,父母的想法和老师的教育方式不一致,只会让孩子感到左右为难。所以,我点点头说:

"黄乖乖，我知道了，这是桂老师没有做好，不应该安排你这个任务。桂老师不知道你妈妈的想法。看来桂老师还要多学点家长心理学。对不起，让你跟我说了这样极不愿意说的话。"

本以为我会批评她、责怪她，听我这么一说，孩子脸一下红了，眼泪也掉出来了，她说："桂老师你别这样。"我说："黄乖乖，桂老师是爱护你，我不愿意你妈妈再跟你说这些话，因为你也不愿意听你妈妈再说第二遍，我是站在你的角度，也是站在妈妈的角度，我们将心比心，这叫站在对方的位置上想问题。妈妈要你这么做肯定有妈妈的理由，桂老师不愿意勉强妈妈和你做不愿意做的事情。"

后来，黄冰写了一篇作文，题目是"心中的秘密"，记叙的就是这件事情——

……

那天，桂老师的话就像一把火在烧我的脸颊，桂老师一遍又一遍地指责自己，一遍又一遍地跟我赔礼道歉。那些话就像钉子一样锥在我的心底。我问自己，真的是桂老师的错吗？明明是妈妈自私，明明是我自私呀。我不愿意帮助丹丹，便把妈妈的那句话拿出来做挡箭牌，伤害了相信我的桂老师，也伤害了我的同班同学。

回到家，我把今天的事情告诉了妈妈，妈妈听完后坐了许久一直不吱声。后来爸爸过来问明情况，爸爸跟妈妈说："如果我们的女儿是丹丹，你怎么想？"妈妈好几天都没说话。有一天，妈妈突然跟我说："姑娘，带一瓶洗手液，跟桂老师一块帮助同学，记得完了以后用洗手液洗手。"我知道妈妈肯定是嫌弃丹丹脏。我连忙跟妈妈说："妈妈，没有必要，丹丹不脏，丹丹可讲卫生了。"妈妈却固执地说："帮同学可以，妈妈不拦你。但这种身体不健全的孩子行动不便，怎么能像健全孩子那样干净呢？洗洗手放心！"我心里难过极了，不知道该怎么跟妈妈解释，更怕同学们知道妈妈的想法后会骂妈妈，觉得她很卑鄙，觉得她很自私，可是，我该听妈妈的话吗？毕竟她是我的妈妈呀，她也是为我好。

读完这篇作文，我心里有种说不出的滋味，我很感动，感动孩子愿意无条件地信任我，告诉我她心里的秘密，也很酸涩，母亲的做法和我的教育方式的不一致让孩子多么为难。但是，要改变家长的想法何其难啊！那天，我征求黄冰的同意后把这篇文章投到《小学生作文》杂志社，不久后作文竟然刊登了。孩子收到了32块钱的汇款单。黄冰的妈妈用这32块钱买了一挂香蕉和一瓶洗手液送到学校来，她对我说："桂老师，你是对的，你是以身作则引导孩子向善，我看了女儿的作文心里也不好受。这件事情让您为难了。如果有下辈子，那我下辈子一定要像您一样做老师，因为做老师人很高尚，卑鄙不起来，我在您面前觉得自己很渺小。"

一个母亲竟然在我面前说这样的话，我说："你的心理也是人之常情，我很能理解。如果我的女儿在这个班上，我可能也会有你这样的想法，只是我可能不会说出来。你很坦诚啊，这一点我要向你学习，你的女儿将来也会像你一样，坦诚得可爱。"听了我这番话，黄冰的妈妈连忙表态："谢谢桂老师，孩子的爸爸也批评我了，这件事情是我做得不好，我以后一定支持您的工作。"

这件事令我感触很深。对于孩子的教育，一个有智慧的老师会在处理问题时积极地思考，会站在别人的角度考虑问题，允许同学们有不愿意帮忙的心理和行为。如果我一味地埋怨、责怪、惩戒，只会让孩子不愿意说出实情，拉大教师和孩子、父母的心理距离，这样的教育会适得其反。老师应该要尊重每一个学生和每一个家长的生活方式和为人处事的方式，不要命令式地强迫别人,否则,不但给孩子造成了心理压力,对学生的成长也不利。最重要的是,如果这件事有一天传到丹丹的耳朵里,对丹丹心灵的伤害比身体的残疾可能更重,她可能会想:原来我在同学心里是这样的肮脏,同学们嫌弃我,不愿意接触我。她不仅会憎恨自己,埋怨同学,更会活在心灵的阴影里无法自拔。

  教育,不是老师对学生的单向输入,更是家庭、社会、学校的三方协作。每一个看似简单的事件背后实际上却有复杂的家庭环境、成长背景,老师对学生的爱,就是开放老师的心态,理解家长,尊重孩子,你要能够尊重他人不同的教育方式,找到他这么做的心理动机。这就是教师的智慧,也是爱的艺术。

第三章 过失生,爱在宽容

桂老师手记

很多老师都会因为学生犯错而头疼不已,但我认为不犯错的学生是没有的。平心而论,作为老师的我们也时常会犯错,何况一个几岁的孩童呢?泰戈尔说:"如果你把错误关在门外,真理也会被关在门外。"所以,正确地对待错误,让孩子从错误中成长才是教育的目的所在。

苏霍姆林斯基说:"我们做教师的应该像果园的园丁精心地照看嫁接到野生植物上的果树,爱护它的每一枝、每一叶那样,爱护和保持孩子们身上的一切好品质。任何时候也不要急于去揭穿儿童的不好的、错误的行为,不要急于把儿童的所有缺点公之于众,而应该让儿童发挥内在的精神力量来克服自己的缺点。让肌体看到的首先是每个儿童的优点,这才是育人的艺术所在。"

诚实比分数更可贵

大家都听说过鲍叔牙与管仲的故事。年轻时,管仲时常和鲍叔牙交往。他与鲍叔牙做了三次生意。本钱几乎都是鲍叔牙拿出来的,分利润时,管仲却每次都拿得多。有人说他自私,鲍叔牙为管仲辩解说,这是因为管仲家贫;后来管仲做了三次官,三次都被辞退了。有人说他不会做官,鲍叔牙又替他打圆场,说他机遇不好;再后来,管仲又打了三次仗,三次都临阵逃脱。有人说他是胆小鬼。鲍叔牙说,他怎么能是胆小鬼呢?他是为了尽孝,他家里有一位老母亲,他死了,老母亲怎么办。所以,在鲍叔牙面前,管仲没法不变成圣人。他说:"生我者父母,知我者鲍子也。"可见,信任的力量实在是太大了。

从心理学的角度来说,这也属于"积极心理暗示",我们对"过失生"的引导表达出一种正向的积极的观念,才能激发他们的正向动能。在我的班级里,我常常借用这样的正向动能,四两拨千斤,引导孩子主动改正他们的错误。

有一次,班级组织单元测试。学生陈一有道题的答案少写了一个句号,我用红笔在答案最后补了一个句号,并在旁边扣了一分。兴许是写得匆忙,这个句号的字迹写得很淡。试卷发下去后,这个孩子就用蓝笔在我补的句号上描了一圈。上课我讲评试卷时,陈一举手:"桂老师,这里为什么扣一分?明明没有错呀。"我接过试卷一看,看到那个蓝笔新添的句号便了然于心："陈一，你把卷子拿回去吧。"他看着我说："怎么了，您这多扣了我一分，我正好79分，有了这一分就是80分了。"我环视了四周，放低了音量，用很小的声音对他说："陈一，这事你就不要再说了。"陈一看看我，不情愿地收好卷子回到了座位。

本以为事情就此作罢，没想到放学后，陈一又到办公室找我，他似乎还没意识到他的小把戏已被我识破，仍旧固执地把卷子拿过来，指着那个句号跟我说："桂老师，您不应该扣这一分，我应该是80分。"此时，我本有些愠怒，但转眼一想：孩子这么在乎这一分，正说明了他有希望得到好成绩的良好愿望，十分想得到别人的赞扬，只是他用这样的方式来达到自己的目的是错误的。所以，我语重心长地告诉他："陈一，来，你看看，这个句号的颜色和你之前写的答案的颜色不一样，你用的不是同一支笔。还需要我往下说吗？"我看着他，他垂下头，声音很低地说道："不用说了。"我继续教导他："陈一，桂老师很喜欢你，很疼爱你，知道你是一个追求进步的孩子，这很好，但是，如果你把桂老师对你的疼爱，当成是桂老师的无能和糊涂，那你就大错特错了。你很聪明，很有才干，桂老师很欣赏，但是以后千万不要耍这种小聪明了，不然桂老师白疼你了。诚实比分数更可贵，知道吗？"陈一点点头，说："桂老师，我知道了，我……我……错了……"说完后，他又小声地央求我："桂老师，您不要和我爸爸妈妈说，好吗？"我笑着宽慰他："那当然。这是我们之间的小秘密。你想，上课时，桂老师为什么声音那么小，不就是怕同学们听到吗？你很聪明，知道等到其他同学都走了，才来办公室找我，不过，我希望这是最后一次。我们拉钩！"陈一伸出小拇指和我拉钩，"拉钩，上吊，一百年，不许变，变了就是猪八戒！"说完他舒心地笑了起来。

其实，在此之前，陈一也犯过几次这样类似的小过失，只是我一直没有戳穿他，所以这一次他以为我没看出他的小把戏，还抱着侥幸心理跟我

"据理力争"。恰巧办公室没有其他老师，我趁机把这件事情挑明，让他知道我明了他的小伎俩，同时又在保护他的自尊心，没有把他的事情公之于众，从这件事情后，他再也没有耍过小聪明。

恶作剧不恶

我教的学生都是十岁左右，有这样一件事，至今回想起来依然觉得有趣。上午两节课后学校照例是做早操，孩子们一听到广播里体育老师喊话："各班同学整队，快，进，齐——下楼准备做操！"全班同学便齐刷刷地在教室外的走廊上站队，在体育委员的带领下排着队伍，依次下楼去做早操了。我呢，等同学们几乎都离开了教室后，随手将扫帚移到教室窗帘后面去放着，我的身体正好被窗帘挡得很实。没想到，在窗帘后面的我正看到乐乐滞留在教室里，东瞅瞅，西瞧瞧，迅速地跑到第一组最前面的座位，抓起桌子上的语文书又连忙跑到第四组最后一个座位，迅速塞进抽屉里。"大功告成"，小小的恶作剧似乎让他乐不可支，高兴得又蹦又跳，嘴里唱着"我们的祖国是花园，花园的花朵真鲜艳——"他边唱边关上教室里的灯，掩门而出，追大部队去了。

这一举一动被我尽收眼底。我故意悄悄地跟在他的身后，正听到有同学问他去哪了，乐乐竟然"大言不惭"地回答："桂老师不是说人走灯灭吗，我学雷锋去了，把教室的灯都关了。"说完，他吃吃地笑起来，一副计谋得逞的样子。我知道有故事要发生了。

果不其然，第三节是我的语文课，预备铃打响了，丢了语文书的那位女生急得像热锅上的蚂蚁，翻遍书包都没找到语文书。而"始作俑者"呢，正站在那里，一副幸灾乐祸的样子，上课铃响了，他竟高兴得忘了坐下。我一直站在讲台上，不动声色地看着他的一举一动。

"桂老师，我的语文书不见了。"女孩报告。

我佯装疑惑："上两节课都不是语文课，怎么会不见了呢，好好找找，是不是没带过来？"

"没有，我刚才下课时还特意从书包里拿出来，放在书桌上准备上第三节语文课哩。"女孩解释道。

乐乐立马调侃道："那马也有失蹄的时候啊！"他话音刚落，同学们都转过脸看着他，他洋洋得意。

我忍着笑问他："你怎么还不坐下？"

乐乐说："桂老师，今天我很开心。"

我顺着说："好呀，我心情也不错。"

我边说边走到乐乐身边，擦肩而过，走到第四组最后一个课桌旁，从抽屉里快速地把女孩的语文书拿出来，和我的备课本叠在一起，乐乐十分惊讶地看看那本书，又看看我，脸刷地变成了一个红苹果。

我把语文书还给女孩，她疑惑地问我："桂老师，书怎么在您这？"

我意味深长看了乐乐一眼，解释道："刚才排队做早操，匆匆忙忙的，你的书不小心从课桌上掉下来了，我捡到了，但不知道是谁的，就随手放在我这里了。"

风波得以平息。我没有拆穿乐乐，而是极力为他圆这个谎。我想聪明的他应该知道怎么做。

上午放学后，同学们都回家吃饭了，乐乐却在我的办公室门口转悠，转了两圈都没好意思进来。

我故意调侃地问他："乖乖，是不是没有钱吃饭呀？"

他却说："肚子是饱的，吃不下去，也不想吃。"

我逗他："跟我说说话就想吃了？"

他不好意思地回答:"不知道。"

"试试呗,先进来吧。"我拉着他的手,端了张椅子让他坐下。

"桂老师,桂老师……"他连着叫了好几遍桂老师,却一直未进入正题。过了半晌,他才支支吾吾地问我:"桂老师,上午——做早操,你——在不在操场上?"

我看他在试探我,便笑着回答:"你猜呢?"

"你告诉我,你到底在不在?"乐乐再次问道。

"做操之前,我一直站在教室的窗帘后面。"

"哎呀!"他吓得叫出了声,看着我一脸严肃的样子,他手足无措,一副等着挨训的样子。

其实,我一点也不生气,仔细想想,现在的孩子快乐的确太少了。孩子们有时候调皮捣蛋,想通过捉弄人的方式开心一下,只要不涉及原则问题,有什么不能谅解呢?于是,我笑着说:"你这个小捣蛋鬼,你做的事我都看得一清二楚!藏书好不好玩?好不好玩?"

他低着头赶忙说:"我错了,我错了。桂老师,我再也不藏了。"

看着他带着哭腔向我认错,我知道他已经认识到自己的错误了,便宽慰他:"藏了一回就算了,下次别再做了,这种小恶作剧啊,桂老师小时候也做过,我的老师很善良,没有揭穿我,但你以后别再做了。快回家吃饭吧。饿了吧?"

他挠挠头,"谢谢桂老师,我现在心情好了,我想吃饭了。"说完,向我挥挥手,连蹦带跳地走出办公室。

从那以后,乐乐逢人就说"桂老师好,桂老师最好",我知道,我好在哪儿,我好在没有揭穿他的恶作剧。

桂老师心语：

　　阿德勒认为，所谓的"坏"孩子表现出来的行为症状不过是他们在追求优越感时偏离了规范行为，教育的问题其实就是矫正人的心理缺陷。用阿德勒的理论来分析，陈一错误的做法后面是他追求更优异的分数的心理，而乐乐的调皮之举也不过是想偷着乐一乐，当然也是孩子的天性使然。当老师敏锐地察觉到这一点，就能够理解孩子有失偏颇的行为，宽容他们的过失，保护他们的自尊心，并且信任他一定会改正。

　　我认为，对于简单的是非观念，其实孩子都能明白，犯这样的过失的孩子往往是一些聪慧的孩子，只是当孩子在积极方面得不到成就时，他会转到消极的方面去发展。所以，当老师用简单粗暴的方式去处理孩子的小错误时，往往会酿下无法想象的后果。尤其是孩子，孩子的心是玻璃心，透明纯净也易破碎，他的脸面一旦被无情地撕开，自尊降到了零，那么他以后就会破罐子破摔；如果老师能帮他保密，和他拉钩说"天知地知，你知我知"，那么他改错会比丢了脸面后改正要快得多。要知道，在失了自尊、颜面尽失的情况下，强硬地让他承认错误、改正错误，最后是很容易导致他走向失败的。

　　所以，我们所营造的教育氛围，必须符合孩子成长的天性。那个叫陈一的孩子，毕业后总来看我，他告诉我，他常开导妈妈说，凡事要学着宽容一些，要学桂老师那样海纳百川，心胸宽阔。他说，他一直记得小时候的那件事，对桂老师的感激一辈子也忘不了。

　　是的，只聚焦孩子过失的老师，便会对孩子充满了否定和失望，必然会表现出消极、抱怨的教育态度，而对孩子充满信任和期待的老师，则会表现得积极、乐观，相信"阳光总在风雨后"，相信"失败是成功之母"，这样的老师不会深陷问题的泥沼，所教育出来的孩子也必然开朗自信，在"自我诊疗"中获得成长。

64个小红包

春节刚过,同学们带着喜悦的心情上学了!这一学期,语文课需要学习音序查字法。开学第一天,我便号召同学们拿出自己的压岁钱购买新学期要用的词典。大家一致响应。一下课,刘浩从笔袋里摸出一张20元人民币,在班上炫耀:"你看,这是我收的压岁钱,最新版的人民币哦。你们见过吗?"他一边说,一边把那20元纸币舞得哗哗作响。没想到,广播操结束后,刚才还得意扬扬的刘浩哭丧着脸来找我,原来,那20元钱竟然不翼而飞了。

钱丢了?这可不是一件小事!虽然觉得刘浩刚才的一番举动有些不妥,但这样见钱眼开、偷鸡摸狗的行为更让人担心。20元钱并不多,但如果不找到肇事者,他会不会尝到甜头,下次故技重施?

事出紧急,我立刻把全班同学召集到教室:"同学们,对不起啊,我有一点小事要麻烦各位乖乖。刘浩同学丢失了20元钱,如果哪位同学拾到了请还给他,桂老师和刘浩将不胜感激。"我并没有用"偷""拿"这些带有贬义的词语,我想只要我给予足够的信任,孩子一定会意识到自己的错误。然而,全班同学你看看我,我看看你,半晌没有反应。整整一个上午,并没有同学来主动找我,归还那20元钱。是不想归还,还是其他原因?我左思右想:如果犯错的是我,我会怎么想怎么做。这么一来,我明白了,也许这个孩子不是不想归还那20元钱,而是不希望自己的错误让他人知晓，这是人之常情。将心比心，我要理解学生的这种心理，如果这个错是我犯的，我也会希望自己默默地把它改正，然后重新成为一个好人，得到别人的认可和欣赏，那是最好的解决办法，不是吗？想到这里，我有了主意。

中午放学后，我跑回了家，取来春节用剩下的红包，又到小商店买了一沓一模一样的红包，共64个。下午放学前，我走进教室，将这64个红包发给了全班学生，言辞恳切地说道："同学们，今天我们班的刘浩同学不小心丢了20元钱，桂老师相信同学们会把这件事处理好！这里有64个一模一样的红包，请同学们回家后把自己觉得该装进去的东西装进去，明天早晨自己交到讲台上来。记得不要叫别人代交，每个同学自己把自己的红包交上来。"

第二天，64个红包如数收回，那张新版的20元钱果然躺在其中的一个小红包里。直到今天我也不知道这个孩子是谁，也不打算弄个究竟。因为是谁并不重要，重要的是，我敢肯定，这个孩子一定会铭记这件事，也永远会铭记老师对他的尊重和信任。

学生成长过程中常常会出现很多问题，我们没有必要将这些问题上纲上线，升级为"道德品质问题"，而是应该有意识地将问题缩小，相信孩子的善良，给予孩子改正的机会。正是对学生的尊重和信任让我巧妙地化解了班级的丢钱危机。

我的徒弟谢老师也用同样的方式解决了班里的丢钱事件。那次，班上有个孩子丢了60元钱，怎么找也没有找到。放学后，谢老师故意请了班里的十几个孩子到家里给她帮忙整理东西。孩子们离开后，谢老师发现有只拖鞋里有一团纸，打开一看，里面就塞着60元钱，纸上写着："谢老师，60块钱是我拿的，我没有勇气面对你，不敢把钱亲手还给你。我知道我做得不对。请你还给同学时不要说是在你家发现的，因为我怕其他同学猜出来。"事后，谢老师保守了这个小秘密，那个拿了钱的孩子再也没有犯过这样的错误。

然而同样的方式，我的另一位徒弟张老师却遭遇了失败。丢钱之后，他采取了和我一样的做法，给每一个孩子发了信封，希望也能通过不记名的方式坦白，然而没有孩子归还丢失的钱。之后，他又再次给同学们发信封，仍旧没有结果。张老师百思不得其解，同样的方法，为什么在他的班级里就不奏效了呢？我细问之下，才知道，原来他一边给孩子们发信封时一边不断在班里强调："我早就知道是谁拿了钱，如果这次不坦白，我就在全班公布他的姓名。"然而，事与愿违，没有孩子承认错误。这位老师一气之下，打算把学生的书包都搜一遍，"我就不信了，我今天非要把这个孩子揪出来！"我对他说："千万别，你这种方法会伤害孩子们的自尊心，甚至可以说侵犯了人权。如果真的当着全班的面找到了那个拿了钱的孩子，他一定会觉得十分尴尬、难堪和丢脸，别的同学会怎样看待他？"结果这件事不了了之。

"为什么同样的方法，效果却大不一样？"《中国教育报》的记者也问过我这个问题。我细想之下，将两位老师的处理方式进行比较，发现方式方法只是表面的呈现，就像暴露在水面上的冰山一角，更深层次的是教师的人格魅力。所谓的人格魅力，就是教师是发自内心地理解孩子、尊重孩子、信任孩子，爱护孩子的自尊，真正站在孩子的角度去思索、考察，选择正确的教育方式解决问题。我和谢老师是以帮助孩子意识到错误，并改正错误为目的，所以我们在引导学生时循循善诱，不强化问题。而张老师却是以索回钱财，找到肇事者为目的，反而会激化矛盾，让学生害怕被惩罚，反而不敢承认错误。所以，只有当我们自然而然地走进学生的心灵，才能被学生信任，被学生欣赏，学生才会愿意向我们敞开心扉。反之，如果教师只是为了解决问题，树立自己的权威，而不是发自内心地爱孩子，真正帮助孩子成长，在孩子心中没有信任度，再好的方法也很难成功。

教师这个职业有时候就像医生，医生治病救人，教师则矫正学生错误的思想和行为。孩子的过失就像是小小的疾病，我们不能讳疾忌医，隐瞒包庇，更不能谈虎色变，夸大问题。作为老师和父母都应该珍视每个孩子的过失，因为学生犯错的时候往往是教育的最佳契机——内疚和不安使他们急于求助，这时，学生潜在的问题就会暴露无遗，帮助学生找到并让学生直面自己的问题所在，便是教师的首要任务。这个时候，老师不仅要学会宽容学生的过失，而且要信任他们，并合理地引导他们改正。对于学生来说，教师高尚的人格和真挚的情感是任何力量都不能替代的。用健康的、正确的思想教育学生，以自己高尚的灵魂和言行感染、影响学生，这就是教师人格魅力所在。所以，教师应该端正自己的思想，纯化自己的师德，以爱为前提，以学生的成长为目标，理解、尊重、信任，用真情唤起真情，用人格影响人格，用爱心培育爱心，用心灵照亮心灵。只有这样的教育才能达到春风化雨、润物无声的境界。只有这样的老师才是令孩子们钦佩和信服的老师。

第四章 屡错生,爱在启迪

桂老师手记

屡错生，顾名思义，就是指常常犯错的学生，有的是总重复犯同一个错，有的则是犯各种不同的错，但他们都有同样的特质——屡教不改。遇到这样的学生，教师苦口婆心的劝导往往付诸东流，而更令人忧心的是，这些"屡错生"不断犯错的行为也易固化成为他们的某种个性特征，不但对自身的学习和生活产生不良影响，严重的还影响班级的班风班貌，有的甚至逐渐成为班级的"问题生"。

所以，对待这样的孩子，首先，教师应对其常见的错误进行界定，分门别类进行排序：思想品德、行为习惯、学习态度等。同一类的错误也要分轻重缓急，有的孩子问题较多，那么教师在帮助孩子时就要抓重点，以点带面，而不是面面俱到，平均用力。

就拿行为习惯来说，安全问题是重中之重。比如：有的孩子总喜欢把头脚伸出栏杆外，喜欢拿锋利的削笔刀玩耍，下雨天用伞尖与同学打闹，在楼道里追逐，在学校的水池边推搡……在我看来，这种涉及学生生命安全的问题应该排在行为习惯的首位：重度隐患型，危险指数五颗星。

而男生把同伴往女厕所推，女生把同伴往男厕所推，吃饭时把菜渍弄到别人身上，喊"汰渍"，亦或是喜欢趴在地上玩耍嬉戏之类的，则可以归为第二层次：中度淘气型，危险指数为三颗星。

再如，"老师他拿我的笔不给我""他打了我一下""他骂了我一句"等属于第三层次：轻度小打小闹型，危险指数为一颗星。

当然，这种分类不是一成不变的，有的本来只是小事一桩，但因为个体的差异，周围环境的影响，事态的发展，小事变大事，这就需要教师根据具体情况适当调整，合理处理。

其次，对待屡错生，教师切勿对孩子的错误夸大其词，以偏概全。这类孩子因为问题不断，一旦犯错，教师在处理事情时往往不能就事论事，常常会形成对该生的负面印象，继而严厉苛责，而有的孩子因为平时表现比较好，即使犯同样的错误，教师也能轻易原谅。这样的教师本身就成了问题的制造者，增进屡错生对自己的不自信，加重他的负面情绪，从而增加转化难度。而实际上，屡错生因为屡屡犯错的缘故，往往在班级中的同伴关系处于紧张状态，如果教师能抓住屡错生的优点，哪怕是一点小优点"小题大做"，教师的表扬和关注就能起到调节作用，可以有效树立屡错生的信心，纾解同伴关系。教师的引导一旦唤醒了孩子内心，他们就能迈出至关重要的一步，真正改变自己的思维和行动上的自动化程序，实现自身的成长。

第三，对待屡错生，教师一定要有很浓很浓的耐心。要知道，习惯的养成不是一朝一夕的事，改错必定需要时间和过程。我们绝不能像包公审案一样，将犯错的学生对簿公堂，然后拍板定罪。实际上，对于这些屡错生来说，一味地制止、警告、惩罚往往是无力的，即便有一定效果，教育的保质期也比较短暂，很快他们就会故技重施。因此，教师首先要认识到对屡错生的教育是一个充满反复的长期过程，不能一蹴而就，要做好打持久战的心理准备。教师应该容忍屡错生的一次次"旧病复发"，我认同张文质说的，教育是慢的艺术，教师切不可急于求成。特别是小学老师，因为小学生年龄小，这些幼苗非常稚嫩、脆弱，容易夭折，处理不好就会适得其反，这对教师是很大的考验。所以，教师需要做到不厌其烦，刚柔并济，语言上讲究严宽结合，这样学生才容易接受，进而在教师和父母的引导下逐步改正错误。

第四，对待屡错生，教师一定要有坚定的信念，相信孩子一定会改正的。这一点很重要。如果教师在心里已经给孩子判定了死刑，认为他改正不了，那这个孩子可能就真的没救了。教师的角色其实跟母亲的角色很像。无论孩子怎样犯错，母亲的爱依旧洒满孩子的心间。女老师应该有母亲的情怀，无微不至地关怀孩子，男老师也应该有柔情的一面，像慈父般爱护学生。正如苏霍姆林斯基所说："要相信孩子。"

桂老师，比我的妈妈还妈妈

我教过这样一个孩子，上课喜欢讲话，还喜欢拿同学的笔。在我看来，上课讲话是次要问题，但是拿别人东西必须排到第一位。

趁孩子不在家的时候，我到他家家访。我了解到，这个孩子的父母平时比较宠爱他，对孩子的问题视而不见，如果直接指出孩子有拿别人东西的行为，孩子的父母估计很难接受，甚至会对老师产生敌意，认为老师歧视他们的孩子。所以，根据"抓大放小"的原则，我对孩子的问题避而不谈，只跟孩子的爸爸妈妈谈了孩子的进步，孩子的可爱，孩子的机灵，孩子的友善。爸爸妈妈听了心里像抹了蜜一样，很开心。临走的时候，我说道："不知道爸爸妈妈这一段时间有没有发现你乖乖的书包里笔袋里有不属于他的东西？"孩子的妈妈一听，连忙把头低下去了。我看出了端倪，立即表明我的态度："要是发现了什么，我希望你们自己悄悄地解决，我不参与，因为孩子有自尊心，你们也不要告诉他我知道这件事。"妈妈感激地说："桂老师，我知道您说的意思，您放心，我一定把这个问题解决好。"

可过了一两个星期，我悄悄了解到笔并没有归还原主。于是，我再次来到孩子家中，仍然只跟孩子的父母说孩子这次测验成绩有进步，字也写得漂亮。爸爸妈妈很开心，连连向我道谢。临走时，我悄悄地提醒孩子妈妈："你上次答应我的事，最好尽快解决。有些事情可以放一下，但这件事对孩子来说，是最好的教育机会，千万别错过了。"孩子妈妈说："安排了，安排了。桂老师，其实现在的孩子都是独生子女，什么都不缺的，我们家什么笔都有……"我知道孩子妈妈还没有意识到问题的严重性，打断她说道："你理解错了，我知道孩子不缺这些，但把不属于自己的东西拿回家，即使没用，这种行为你们做父母的也应该坚决制止。这件事情可千万别拖。你们放心，我不会告诉孩子我知道这件事情，免得孩子心里不舒服，看到我老是低着头，我不希望孩子在学校里不开心。"

又等了一个星期，这个孩子依旧没有把笔还给同学。我给孩子的妈妈打电话："你跟孩子谈了没有，笔还给同学了吗？"

"桂老师，今天，今天一定解决。"电话那头连忙回答。

我说："好，请你千万别拖了，别的事情可以放一放，但这个问题今天一定要解决。"

"桂老师，您怎么说得这么严重，这没什么大不了的。"

我意识到，问题的症结在于孩子的母亲，正是她对问题的轻视，对孩子的宠溺和纵容，让孩子缺乏行为的自律。看来，首要问题还是要解决孩子母亲的心理症结。我严肃地说："拿别人的东西是一个很不好的行为，如果你的孩子，也像你一样把这种行为看得这样轻，那后果不堪设想。他的错误行为没有得到及时的制止，以后他会一而再再而三地拿别人的东西，最后就会养成偷窃的习惯。我和你一样心疼孩子，怕孩子觉得尴尬，所以希望这件事情你们自己解决，这样对孩子好，可是我几次跟你沟通，你都置之不理。你想过没有，我不是孩子的母亲，如果我来处理，孩子能不能接受？我今天的话说得有点重，但希望你思量。抱歉。"

或许是我严厉的告诫起到了作用，也或许是孩子的母亲意识到了问题的严重性，她立刻答应道："好好好，桂老师，今天晚上我们全家不吃饭，也一定把这件事解决。"

一个星期后，孩子的妈妈来学校找我，她拿出一支笔递给我，说："桂老师，我没有跟孩子说。我就从他笔盒里把这支笔拿来了。您看，是不是这支？"说完，她从包里拿出一大把这样的笔，说："我们家这样的笔也很多，我多拿了几支过来。要是哪个同学说丢了笔，您就帮着还给他。"

看来，我的话并没有改变这位母亲的想法，她仍是一种袒护孩子的态度，并没有看清事情的本质和严重性。我说："其实孩子不止拿一支笔，也不止一次拿别人的东西。我是诚心诚意为你的孩子好，所以才和你反复沟通。你想，孩子长这么大了，有自尊心，要是同学发现是他拿的，同学会怎么说，如果以后别人说他是小偷，你的孩子可能以后在班上都抬不起头。请你不要避重就轻，你今天回去就问你的孩子，这支笔是从哪里来的，让他如实地告诉你事情的原委，是出于什么样的心理要拿别人的笔，当孩子犯错时，能及时督促他改正才是聪明的父母。"

送走了孩子的母亲，我思忖了很久，要改变这位母亲固有的教育方式需要一定的时间，但事情刻不容缓，教育的时机一旦错过了，就很难达到最佳的教育效果。我觉得孩子的爸爸在家庭教育上更理智，便给孩子的爸爸打了个电话，把事情的经过讲了一遍。孩子的爸爸说："桂老师，明天上午我给孩子请半天假，请您相信我，我一定会处理好这件事情。"

后来，这件事得到了圆满的解决。孩子的父亲与我通力合作让孩子认识到了自己的错误，归还了同学的笔，并给同学道歉。从那以后，他也没有再拿过别人的东西。毕业的时候，孩子对我说："桂老师，谢谢你让我及时改正了错误，您比我的妈妈还妈妈。"

我也能变好

我的徒弟毛老师的班上有个学生叫王兆哲,他几乎每天都到我们办公室里来,成了办公室的常客。这不,今天又被请来了。毛老师厉声说:"你喜欢这块木板子是不是?那你今天就把这块木板一直提着。"我细问之下才明白,原来,王兆哲在学校垃圾堆捡了一块学校暑期装修后留下的木板子,把它当盾牌用。毛老师走进教室,正好看到他用木板在教室里和其他同学打闹。

就这样,王兆哲再次被请到了办公室。他站在毛老师的办公桌前,手里提着木板,只见他一会甩甩左手,一会甩甩右手,很吃力的样子。看来,木板并不轻。

毛老师板着脸训斥他:"你呀,天天惹是生非,昨天跟那个同学打架的事情还没有解决,今天又跟这个同学打。你明天是不是要跟我打架?后天是不是要跟校长打架呀?我哪里是你的老师,我就是你的包公,天天给你审案子,我每天处理你一个人的事情都处理不完……"王兆哲低垂着头沉默不语。

过了一会,毛老师可能也训累了,就去洗手间了。我瞅准时机,把我的鞋子丢到王兆哲脚下,指了指木板,又指了指鞋子。他心领神会,把木板子搁在我的鞋子上,这样省力多了。他感激地冲我一笑。我怕他露馅,走到办公室门口帮他站岗,"毛老师现在在洗手……毛老师现在在擦手……好，毛老师现在走过来了。"我一边说一边给他递眼色，然后赶紧回到我的位子上坐下来假装批改作业。

毛老师回到办公室坐下后，看到王兆哲在偷笑，眼睛一瞪："还在那儿笑，拿着板子累不累啊？"

"累，累。"

"累还天天玩。"

"哪里是天天玩撒。"王兆哲一边嘀咕一边翻了一个白眼。

我看气氛不对，连忙打圆场："毛老师，你就饶了他吧。王兆哲，你以后还做不做这样的事呀？"

"我以后不做了，桂老师。"

"你的话能信吗？"毛老师怒气冲冲地质问道。

"毛老师，我今后一定说话算话。"王兆哲看了我一看，又看看毛老师。

我走过去说："毛老师，你信他一次，也信我一次。我给王兆哲担保。"

王兆哲也说道："这次我一定听桂老师的话。我一定说话算话，不给桂老师丢脸。"

毛老师看在我的面子上便说道："那这次就先放你回班去，以后可不要再犯了。"

"谢谢毛老师，谢谢桂老师。"说着，小家伙高兴地回教室了。

孩子一走，毛老师就问我："师傅，你认识他？"

我说："你天天把他带到这里来，咱们办公室的老师谁不认识他？你知不知道，这个孩子其实很可爱。"

"怎么可爱了？"毛老师感到很诧异，"如果他在你班上，你就不会这么说了。"说完，她便向我抱怨起来。

"对待这样的孩子,你更要多看他的优点。"我给她讲了这么一件事情:

我的班上曾有一个非常调皮的男生,没事喜欢用脚踢教室里的扫帚。有一天,我经过教室,竟看见他把倒在地上的扫帚扶了起来。就这么一个小动作,被我捕捉到了,于是,我立刻当着全班同学的面表扬他。那天,我还专门到他家去家访,当着孩子父母的面再次重重地表扬他的热心肠。男生受到极大的鼓舞,后来,他在行为习惯上有了很大的进步,因为他发现,即使他只做了一件很小的事,老师也能看到。

"你想,作为屡错生,他长年得不到老师的关爱和表扬,如果老师稍微关心他一下,鼓励他一下,他会不会有进步呢?有人说'良言一句三冬暖,恶语伤人六月寒',语言是有温度的。所以,我们要言辞上关心他,也在上课时给他一个鼓励的眼神,摸一下他的小脑袋,批改作业时多写一些鞭策鼓励的话。哪怕是很小的进步,也要用电话用家访的方式给他的爸爸妈妈报喜,当着孩子的面表扬他,他一定会感激你。就像王兆哲,他其实挺机灵的。你知道他为什么说不给桂老师丢脸吗?"我把事情原委告诉她。

"我说呢,难怪我看他提着这么重的板子一点都不累,搞半天原来下面垫着你的鞋子啊。"毛老师恍然大悟。

放学后,王兆哲特意来我们办公室:"桂老师,我回去了啊,再见。"

毛老师愣了,说:"你不跟毛老师再见吗?"

"毛老师,再见。"说完,王兆哲就害羞地跑了。

从那以后,这个孩子放学后总要经过我们的办公室,跟我和毛老师说再见。别的老师纳闷,这个让老师头疼的屡错生,现在怎么这么有礼貌了?其实我心里明白,毛老师心里明白,王兆哲心里也明白。

不"弹劾"的小捣蛋

其实,每个班都有调皮捣蛋的学生。我们班的沈康写了这样一篇作文:

《我的同学何一》

沈 康

我的同学何一,眼睛做过手术,上眼帘有个疤。我背地里叫他"鸳鸯眼"。他在班上爱打架,是名副其实的班级霸王,谁都怕他。我们班还有个同学叫王玉龙,王玉龙的爷爷在我们学校当校医。王玉龙的个子比何一小。有一天,王玉龙带钱来学校,被何一看到了。放学的时候,何一就跟王玉龙说:"王玉龙,请我吃羊肉串吧,学校隔壁第一家羊肉串很好吃。"王玉龙脸马上变了:"对不起,何一,这个钱我是用来买书的,这回不能请你啊。"王玉龙很怕何一,说话像小媳妇一样。结果何一说:"你给我记着,你的爷爷我知道,是我们学校的校医,校医的办公室就在体育老师办公室隔壁,我马上去告诉他,你的孙子王玉龙,天天带很多钱到学校来,是个吃零食的高手。你信不信?"王玉龙被何一威胁,没法子了,放学后,只好在学校隔壁羊肉串店里请何一吃串。我看见何一的喉咙里,羊肉一股一股地往下咽,我想这个时候王玉龙杀他的心都有了。别怪我这么小就有杀人的歹心，你是不在现场，没看到当时的情景。何一一边吃，一边用手背抹着嘴角的油渍。吃饱了，他一边擦着胸前，一边抹肚子，说："你这次招待得不错，有十天好日子过。"

你是不知道呀，这个何一，每次打了王玉龙，还要王玉龙喊他爷爷。何一打了王玉龙，我们就告诉桂老师，桂老师每次就把他教育一顿，他每次都点头哈腰说我一定改一定改，其实他并没有改。这一点恐怕特级教师桂老师都不知道。

我看了这篇文章，想到何一平时各种劣迹斑斑的行为，真是气不打一处来，心想，还有这样的恶霸，竟然当面一套，背地一套，今天一定要好好收拾他。一下课，我就到教室门口说："何一，你过来。"

"桂老师，你找我？"小家伙蛮会来事。

看他这副样子，正准备劈头盖脸狠狠批评他，以解心头之恨，突然意识到办公室有很多老师看着呢。我想孩子有自尊有脸面，不能在这里解决。于是，我把何一带到了我的名师工作室。走了几步路，我也平静了下来。联想到每次批评教育他，时常牵扯出他的一堆恶劣行径，这时他信誓旦旦保证要改正，不过是要摆脱我的批评罢了。正如苏霍姆林斯基所说，有时儿童感到得不到成年人的尊重，而又不善于把自己在道德方面的优点表现出来，所以便想出各种方法来引起别人对自己的注意。最常见的方法就是做一些坏事。想到这我有了主意。

"坐吧，乖乖。"我指指板凳，等他坐下，我说："我找你来是因为有一篇作文写得蛮好，我想推荐给你看一下。"

何一笑嘻嘻地说："桂老师，你对我怎么这么好，是想让我向他学习吗？"

我把那篇作文往他面前一放，"你看了就知道了。"

他看完后，拍起了桌子，大声说道："好啊！他竟敢弹劾我！"

"我语文教得不错嘛，这么小的学生就知道弹劾这个词，弹劾得对不对啊？！"我也半开玩笑半认真地回他一句。

看到自己的把柄被同学白纸黑字写得如此具体，何一有些不好意思起来，他走到我面前，哭丧着脸说："桂老师，桂老师，我……我……我错了。桂老师，我再也不做这样的事了。"他一向认错态度端正，可一转身就好了伤疤忘了痛。不过我知道何一虽然淘气，喜欢欺负同学，但最好面子。

"桂老师，我，我有一个要求。"果不其然，何一主动提出来。

"什么要求，说。"我故作不知。

"桂老师，您千万不要让第三个人知道。"

我立马纠正他："桂老师只能做到不要让第五个人知道。"

"哪有这么多人知道咧？"

"你数数，作者沈康，请客的王玉龙，吃羊肉串的你，还有我。"我掰着指头给他细算。

这时，何一开始号啕大哭："哎呀，这么多人知道，丢死人了啊。"

我知道，到了这一步，教育他的目的已经达到。我看他哭得伤心，就把他揽到怀里，说："何乖乖，桂老师知道你是个聪明的孩子，自尊心强，桂老师答应你，我再不会让第五个人知道了，因为我相信你一定会改正的。""谢谢桂老师。"何一连声说道。"你去上课吧，把眼泪鼻涕擦干净，其他同学看到你流眼泪，就知道你又挨批评了。"

第二天，何一写了一篇日记交给我：

我在桂老师名师工作室里不敢出来，桂老师把我揽在怀里我也不敢出来，可是我想，我要不出来，肯定有很多手指指着我的脊背说，小人，懦夫，龌龊，肮脏……大家说的怕被别人戳脊梁骨就是这个意思吧，哪知道，我亲爱的桂老师在我的耳边说了这样一句话，我立刻心安了。她说："乖乖，从前有一个人也做过这样的事，不过她不是现在的桂老师，她是原来的桂贤娣。""啊！你?!"我惊讶极了，连桂老师也犯过错吗？桂老师看着我的眼睛点点头，我立马明白了："只要改正就好了。"桂老师说："对呀，你看，你爸爸妈妈爷爷奶奶不都说桂老师好吗?"嗯！有错不怕，有错改正了就是好孩子了，我一定要做个好孩子！

为了让何一接受批评教育，我运用了心理学中的共情，本来我并没有做过此类错事，但为了教育孩子，我故意贬低自己。在何一心里，桂老师的形象是高大的，如果他的老师也做过这样的错事，通过痛改前非，依然成为人人夸赞的老师，那他也会下定决心改正，成为一个受欢迎的人。我的共情无疑让何一感受到了老师对他的信任，敢于在他的面前暴露自己的不足之处，为何一改正错误树立了信心。

给孩子补点"精神钙"

教师对学生的爱除了暖如阳光、柔似春风以外，还有一种具有理智和责任感的爱，这就是严厉的爱。对于屡错生来说，捕捉到孩子的心理动向，一针见血地指出问题症结所在，有时也能收到很好的效果。

小丁是班里一位学优生，各门学科都名列前茅，但他有个缺点，喜欢趁人不备，拿别人书包里的零花钱或文具什么的。为此，我又是暗示，又是提醒，但没有效果。在他的期末学生操行评语中我这样写道："……别人的东西再好，那也是别人的，你把它据为己有，这是一个男子汉最没有骨气的表现！我希望你'补'点'钙片'。你是个聪明的孩子，老师相信你会明白这句话的深刻含义。"

新学期开始了，班上平静了一段时间，我很高兴地想"钙片""补"得不错！可有一天的做操时间，我在操场上没有看到小丁的踪影。我下意识地奔上五楼，放慢脚步来到教室门口，正看见小丁聚精会神地翻着同学的书包。如果我不及时制止，这个孩子势必会因为侥幸心理和老师的"宽容"而走上错误的道路。所以，对于小丁，我必须下一剂猛药。

我猛地推开门，走到他的面前，他的脸刷的一下白了。手一下子停了下来，忐忑不安地看着我。我声音不高但语气严肃地说道："你走错位置认错书包了吧！如此不长记性，以后必会出大错！看样子你不但要吃'钙片'，还要喝'金思力'（当年很有名的一种儿童饮料，喝了记忆力好）。"

一番话让小丁的脸红一阵白一阵，或许是很少看见如此严厉的我，或许是我当场抓了一个现行，小丁痛哭流涕，向我道歉。从此，他自律多了，没有再犯这样的错。

同样是拿别人的东西，我处理的方式却截然不同。第一个案例中，孩子的问题更多是母亲教育方式的偏颇，所以与父母沟通是改变孩子的关键。而对于小丁，我采取了直截了当的方式指出他的问题所在，因为小丁原本就是非常聪慧的孩子，他一旦醒悟过来，就能迅速地改正自己的缺点。但更多的时候，老师一定要慎用这样的方式。之所以这样的方式在小丁身上行之有效，那是因为通过六年的共同学习生活，小丁对我十分信任、尊重，面对我严厉的批评，他的内心里仍然能够感受到我对他的关爱，所以当他意识到我非常在意这个错误，并没有将他的错误公之于众时，他便更加信服于我，积极地改正自己的缺点。如果老师总喜欢扮演严师的角色，教育的效果往往不尽如人意——没有人喜欢把自己的问题暴露出来，尤其是当着众人的面被毫不留情地指出来，这样会伤害孩子敏感的内心，孩子会保护自己，不愿意改变了。所以，在公开场合指出学生的问题时，老师既要做到不指名道姓，还要注意语言的艺术。

老师的要求入情入理，严而有度，并且富有情味，具有趣味，兼有韵味，定能打动学生的心，达到心有灵犀一点通的境界，产生积极的教育效果。

桂老师心语：

对待屡错生，确实需要教师的智慧。表面上看他们似乎表征相同，都是屡屡犯错，但实际上，其背后的问题却是千差万别，就像治病一样，同样是头痛，有的是因为颈椎问题引发大脑供血不足，有的却是因为血压偏高等，所以老师一定要刨根问底，找出问题的症结所在，才能对症下药，对待不同的孩子采取不同的方法，从而达到教育的目的。

苏霍姆林斯基曾说过："真正的教育是自我教育。"李镇西也提出要把教育的主动权交给学生，"教育者的明智和机智，在于引导'后进学生'经常进行'灵魂的搏斗'，不但善于发现自己的可贵之处，更勇于用'高尚的我'战胜'卑下的我'。"是的，教师最不能忘记的就是，即使是"一无是处""屡教不改"的学生，其心灵深处或多或少也有美好道德的萌芽，教师的责任就是引导他们发现自身的善良之处，帮助他们树立"我也能变好"的信心。

第五章

学困生，爱在鼓励

桂老师手记

老师们最怕两种学生，一是屡错生，二是学困生。屡错生是大错不犯小错不断，时常滋扰生事，骚扰同学，影响班级，给教师的常规管理工作带来了不便；而学困生呢，则因为在学习方面困难很大，缺乏学习兴趣，要么游离于课堂之外，要么时常不完成作业，考试时分数惨不忍睹，拖班级的后腿，甚至连累老师被扣罚奖金。对此，老师们怨声不迭，抱怨自己运气不佳，学生愚昧不堪，懒惰懈怠。

从广义来分，学困生可以分为两种，一种是先天性学习障碍的学生，另一种是因后天受影响产生了学习障碍问题的学生。我们首先要区别这两种学生，前者应以宽容之心待之，分析他的学习障碍的类型，提供一些有效的建议，并且求助于专业机构的治疗，让孩子在班级中能够得到公平的对待。关于学习障碍，有专门的著述进行分析，在此我不一一列举，我想说的主要是第二种学困生。

造成第二种学困生学习落后的原因主要有两个：一是反应迟钝、接受理解能力弱。因为孩子的个体差异，有些孩子并不是不爱学习，而是接受知识并消化的能力较弱。这类孩子需要老师细心辅导，逐步提高。二是自我管理能力差，玩心重，不爱学习。这类学生是主观上不爱学习，需要老师从学习习惯上加以引导，提高自我管理能力。

我想，每位老师的教学历程中，都有帮扶学困生的经历，并总结了很多经验，而在我看来，最大的技巧莫过于给予孩子真诚的鼓励。

郭思乐在《教育走向生本》中说:"人的潜能无限,在于人是一个可以自我激励的系统。如果你有了成功的表现,你又受到激励,你就会走向更大的成功。而这种激励更多的不是来自外部,而是来自自己。"这也是苏霍姆林斯基提出的学生的自我教育。学困生因为成绩差,常年得不到老师的表扬,甚至被老师定位为"笨""傻",这种歧视,虽然不一定是教师的自觉行为,但后果却是不但使这些学生丧失自信,甚至丧失了自尊。教师应该真心诚意地赞扬学困生的点滴进步,让他们体验进步的快乐,进而增强他们继续进步的自信心。

从"闭门羹"到"喜迎门"

父母是孩子的第一任教师,他们是重要的教育资源。长期以来,我都喜欢采用家访的方式充分调动家长的积极性,从而形成教育的合力去影响学生,使我们的教育达到事半功倍的效果。开学时的家访让我清晰地明了孩子过去成长的脉络,让我对每个孩子的个体成长有了不同的心理规划;而平时不定期的家访则聚焦孩子现阶段的发展,拉近我和家长之间的距离。与家长沟通是一门艺术,良好的沟通可以达到共同帮助学生成长的目的,反之,不但达不到教育的效果,反而让老师和家长心生嫌隙,为今后的工作埋下隐患。

我曾经有这么一次失败的家访经历。

记得我刚参加工作不久,班上有个姓丁的小男生屡次犯错,成绩也不太理想,我决定去他家家访,并请该生告诉我详细的门牌号码。谁知那个小男生竟给我写了三个家庭住址,而且三个地点相隔很远,我就纳闷了:"你有三个家吗?"

小男生面不改色地点点头,见我瞪着眼睛看他,他才补充道:"东头的滨湖是我奶奶家,西头的李家咀是我外婆家,剩下的一个山后的戚袁村是我自己家。"

我连忙追问:"那你今天晚上会在哪个家?"

"不知道,这一般由我妈妈的心情来定。我妈妈心情好,我们就去奶奶家吃饭；我妈妈心情不好，我们就去外婆家发牢骚；我妈妈心情不好不坏，我们就回自己家。"说罢，小男生扬长而去，我无语了。

那天晚上，只匆匆扒了几口饭，我步行了半个多小时来到李家咀的"外婆家"，却被告知此处并无此人。我原路返回，又步行了一个小时来到滨湖的"奶奶家"，结果同上。我知道是这个小男生在捣鬼，再翻山到山后的戚袁村也是徒劳。回到家，我把自己的委屈和苦水倒给家人，姐姐听了后说："山后的戚袁村好像有这么个孩子，精瘦精瘦的，脸黑黑的，特调皮……"听完我拔腿就出了门，结果又无功而返。一连吃了三次闭门羹，我又气又累又伤心，学生为什么拒绝老师家访呢？为什么？我思索了整整大半夜。我问自己，如果我犯错了，如果我成绩太差，老师到我家家访，我欢迎吗？答案是否定的。

第二天上午第四节课后，我来到教室，问全班同学们："你们喜欢桂老师家访吗？"全班六七十个乖乖没一人吱声。我明白了，但还是不死心地说："这样，我们全班现在进行无记名调查，我给每个人发一张纸，喜欢我家访的打'√'，不喜欢我家访的打'×'，同意吗？"

"同意！"全班同学大声回答。

我把两张空白纸对折再对折，撕成小纸片……然后分发给全班，人手一张。

同学们几秒钟就填好了，陆续往讲台上放。我请了几名同学和我一起一一打开，统计结果，没想到全班只有两个打"√"的，其余全部打"×"……我晕了！

回过神来，我小声问道："这两个"√"是谁打的，请举手！"

两只小手一下子高高地举起，一个是班长，一个是学习委员。我请两位把手放下的同时，眼睛一下子注意到丁乖乖脸上得意的坏笑，我没有批评他，再次询问全班同学："你们为什么不喜欢桂老师家访呢？请你们说真话，桂老师绝不责备，只想知道真正的原因。"

同学们知道我一向说话算话，马上有人举手。

"桂老师，你家访走了，我就吃爸爸的棍子烧肉。"

"桂老师，我妈妈说，去年我们楼上的哥哥，考试考得不理想，老师家访后，哥哥的父母几天都不敢出门，很丢脸的！"

"桂老师，去年你到我家去家访，家访完了你下楼时，楼道里黑洞洞的，你不方便，问我们楼道里有没有灯，我奶奶马上说没有灯，其实有灯，奶奶不愿意开灯。等你走了，奶奶黑着脸说，老师家访又不是什么光彩的事，还要开楼道的灯，想让全楼的人都知道呀！"

"桂老师，我不喜欢你家访，你要是来了，今年春节我的压岁钱直接减半，这是我家的家规！"

"桂老师，老师家访都是告状！你想想被告状的学生能有好下场吗？"

……

是呀！乖乖们说得对呀！老师家访不都是告状吗？领悟到这一点，我决定改变家访策略：学生进步我家访，学生再进步，我再家访。学生的缺点和错误尽量在校内解决，实在解决不了的再想别的方法解决。

这就是我在实践工作中探索出的"生进师访"激励性家访策略。后来，我在班上宣布了我的家访原则，孩子们一听都高兴坏了，巴不得我登门拜访。我对他们说，如果一学期桂老师都没有登你们家的门，那么请你和家长提高警惕，说明你进步不大。这样一来，孩子们不再怕家访，而是努力表现、努力学习，眼巴巴地盼着桂老师到家里来。那个男孩的情况再也没有发生过，我的家访成了学生的一种荣耀。

就这样，我的家访方针陪伴我度过了三十五年的教师生涯，尽管非常辛苦，但我始终坚信：哪怕你身上带着大灵通小灵通但永远没有人灵通；哪怕你手上握着"苹果""小米"，但永远没有握着家长的手心暖人。无论多么高级的智能手机，都只是一个工具，再怎样发达的科技，永远代替不了人与人之间面对面的真挚情感的交流。是的，对于学困生，最大的幸福感莫过于老师面对面的关心鼓励，最大的成就感莫过于当着父母对自己成绩的提升赞赏有加。这样的情境下，孩子怎么可能不取得更大的进步呢？

"丑小鸭"成长记

我们班上的张欣,小小年纪,个子很高,身材臃肿,头发浓密,总是扎着两根又粗又长的辫子。六年级的时候,我接手了张欣的班级。到张欣家里家访时,张欣妈妈声泪俱下地诉说自己的处境:丈夫是跑海船的,长年不在家,自己一个女人既要操持家庭,又要抚养孩子,非常辛苦。而张欣呢,因为缺少父爱,性格内向,不爱说话,加上她的数学成绩很差,从来都没考及格过,所以在班上总是遭到别的孩子的奚落。某些老师对她也怀有偏见。张欣在学校很不开心。

我劝慰她:"张欣妈妈,别人跟我说什么我不听,别的家长、张欣同班同学说什么我也都不听,我相信我自己的直觉和判断。我每接手一个新班做的第一件事就是家访,自己到学生家中去了解情况,而不是向前任老师打听。我要给每个孩子客观公正的待遇。虽然到六年级我才接手这个班,但每个学生在我心里都是一张白纸,张欣也是一样,我不会有任何偏见,请你放心。"

张欣妈妈说:"真的吗?"

我说:"张欣妈妈,如果不信,你可以往后看,让时间来证明,好吗?"

看着张欣妈妈惊讶的眼神,我向她保证:"你放心,我会尽最大的努力帮助张欣,我不敢说她会有多么巨大的转变,但我一定会给她提供转变的条件，让她对自己有信心。同时我也希望你能配合我的工作，先找一找自己的原因，你作为母亲，要把姑娘收拾得干净整洁，这样，孩子的心情会愉快，也给别的同学留下一个良好的印象。你想想看，张欣是个女孩子，哪个女孩子不爱美呢？"

说完，我就当着她妈妈的面，帮张欣梳头发。张欣的头发很多，我给她编了一个蜈蚣辫，然后把她的刘海稍微一剪："乖乖，这么大的眼睛为什么不露出来呢？这双漂亮的眼睛，可比桂老师的好看多了。你看桂老师的眼睛多小，桂老师做梦都想有一双大眼睛呢。"

"桂老师，我的眼睛真的像您说的那样漂亮吗？"张欣将信将疑。

我把镜子递给她："你自己照镜子看。"

张欣很高兴："桂老师，今天的头发梳得真漂亮。每天早晨我妈妈帮我梳完头发，我都会打分，最高分也就是 3.5 分，4.6 分，从没超过 5 分。但是今天我可以打 8.2 分。"张欣对着镜子左照照，右看看，端详了很久，对我莞尔一笑，"桂老师，您的手真巧，经过您这么一打扮，我觉得自己今天蛮洋气。桂老师，你知不知道，王炎在背后喊我村姑，还有刘莉，总是在我背后唱：'村里有个姑娘叫小芳，班里有个姑娘叫张欣。'我听了很不舒服。她们还说我吃得多，长得像头大肥猪。"

我拍拍她的肩膀，说："你扎着这么漂亮的辫子去上学，她绝不会再取笑你了。"

她充满信心地点点头说："嗯。"

我说："你看，我们不仅要改变发型，让自己变得清清爽爽，还要改变自己的身材，让自己变得健健康康。跟你妈妈约法三章，晚上不要大鱼大肉。吃得太多，又不运动，容易积食，产生身体垃圾。你要是再苗条起来，肯定很漂亮。早上出门前抹点香香，黑一点不要紧，脸上只要干净光亮，整个人就会有精神了。你看，桂老师也不白，照样神清气爽。"

"桂老师，饿了怎么办？"

"你要逐渐减量，原来晚上两碗饭，一碗汤，从明天开始，每天晚饭吃一碗半饭，半碗汤。下个月开始，吃一碗饭，青菜多炒一点，多吃水果。来，我们来拟一个张欣食谱。"

慢慢的，张欣在合理的饮食指导下短短半年内瘦了8斤，身材不再臃肿了，整个人的精神状态也变好了。她得意地告诉我："桂老师，我妈妈在网上搜编发的方法，她现在会编6种辫子了，你看，我每天都可以扎不同的辫子上学呢。"

我说："妈妈真好，桂老师还给你提个建议，叫妈妈尝试把你的头发剪短，精神些。你发量多，蓬松，适合剪短发。"

五一节开学后，张欣果真把头发剪短了，脖子也似乎拉长了，整个人都阳光了不少，看着如今的张欣，大家几乎不敢认了。

外貌的改变只是外在的改变，这是一种契机，开启了张欣的新的旅程。我找来同学与张欣结对子，利用下课时间检查张欣的数学课堂作业，看她每节课的知识点是否弄懂了。我还请数学老师多留意张欣，多给她一些鼓励，有难点的地方专门给她讲一讲。就这样，张欣在老师和同学的帮助下，数学成绩有了起色，以前数学只能考20多分，现在考了63分，我到她家里去家访，亲自把好消息与张欣的妈妈分享。

临走时，我问她："乖乖，你希不希望桂老师再来家访？"

"嗯。"张欣高兴地直点头。

"那好，我们约定，如果下次你的数学成绩考得比63分再高一点点，我肯定再来。"小丫头直点头，蓬松的短发也跟着一跳一跳的，仿佛在舞蹈。一个月后，张欣数学考了67分。就这样，通过我的家访激励，张欣一点一点的进步，肉眼是看得见的。

有一次家访结束时，张欣递给我一个很长的手电筒的灯光，说："桂老师，我妈妈给我爸爸打电话，告诉他我成绩进步了，爸爸在海轮上给你做了一个手电筒，能上6节电池，爸爸说一定要送给你。下次你到我家里来一定要用这个手电筒，方便你们家里人接你，他们一看就知道这灯光不是汽车的灯光，也不是一般的手电筒的灯光，这是桂老师家访专用的手电筒的灯光。"

张欣小学毕业后就回北京读中学了。不久之后，我收到了她从北京寄过来的包裹，打开一看，竟是她的爸爸给我做的两个手电筒。虽然包裹里并没有留言，但我能深深感受到张欣和她父亲沉甸甸的感激之情。

有一年的大年三十晚上，当零点钟声敲响的时候，我家的电话铃骤然响起，只听见电话那头激动地说道："桂老师，我是张欣的妈妈，我在北京给你打电话，张欣催了十几分钟了，让我一定要在零点准时给你打电话。桂老师，我们一家祝你好人一生平安。"张欣妈妈一边说一边哭了起来，"桂老师，是你特殊的家访方式让我这个笨女儿抬起了头。桂老师，你不仅教给我女儿知识，还在饮食穿着方面关心她。张欣到了你的班上后，整个人都自信起来，阳光起来，有脱胎换骨的变化。张欣跟我说以后每年暑假一定要回武汉看桂老师。"我很感动，连忙说："不用不用，北京到武汉的车票不便宜，给我打个电话发个短信就够了。"

这些年来，"学生进步，教师家访；学生再进步，教师再家访"的激励性家访策略让一个个学困生在学习成绩上有了长足的进步，我因此也获得了多方的赞誉。有专家盛赞我"开辟了教师家访的新航道"，同行则称赞我"遵循了当今独生子女增强好胜的心理"，而在我看来，正是这样的家访策略让我走进了学生和家长的心灵，赢得了家长的尊重，激励了孩子的进步，在促进教育的良性循环的同时，也收获了一份份学生和家长对我沉甸甸的爱。

情感育人的语文课堂

作为班主任兼语文教师，课堂成了我倾注爱心的主要阵地之一。观察很多老师的课堂，往往是学优生的天地，老师提出的问题学困生回答不出来，或怕自己回答错误，往往沉默不语，眼观鼻，鼻观心，抬不起头来。为了让课堂成为每一个学生学习的主阵地，我强调以"学"为中心，鼓励孩子们与教材对话，与老师和同学对话，与自我对话。

在学习活动中，我鼓励学困生勇于表达，在设置问题时，我也耍了一个心眼，把问题分难度，量体裁衣，让学困生读读课文，认认生字词，或者回答课文中一些简单有明确答案的问题，让他们每节课都能与老师和同学有所互动，用我真心诚意的赏识与鼓励增强他们的学习自信心。

以下是我执教《翠鸟》一课的教学片断：

生1：翠鸟为什么叫这个名字？

师：（出示课件：翠鸟）这个同学的提问很有意思，请大家思考他提出的问题。

生2：翠鸟整个背部大部分都是翠绿翠绿的颜色，大概是用它身上的颜色来命名的吧！类似的动物名还有白兔。

师：你真了不起！你会从书中的关键词找到印证，还能一下子就联想到了类似的动物名！

生3：还有灰雀、麻雀。

师：哎哟，你今天发了言，你也会举一反三，桂老师为你竖起大拇指。

生3：（非常高兴，有些得意状）老师，我发现除了以颜色起名字外，还有的动物是以它的样子取名的。如长颈鹿、中华枯叶蝶、猫头鹰。

师：你的脑子转得真快，一下子就想出了这么多。

生4：还有长耳兔、长颈鹿、四不象、鸭嘴兽。

师：你的思维很开阔，因为你说的都是很罕见的动物名。

生5：那还有以它的叫声起名的呢！如布谷鸟、知了。

生6：还有按动物身上的花纹命名的，有斑点狗、梅花鹿。

生7：还有金钱豹。

师：哎哟，你也开动了脑筋。

生8：还有用自己爱做的事情命名的，如啄木鸟、穿山甲、叼鱼狼。

师：哇！看不出，你要么不说，一说则一鸣惊人呀。（老师带头鼓掌）

生9：还有以动物生活地点命名的，如海鸟、北极熊。

生：（情不自禁地说）哇，好有趣的动物名呀！

师：同学们真可爱！桂老师真想把你们一个一个紧紧地抱一抱！

下课了，我按捺不住内心的激动，写下了这段教学后记：

我怀着激动的心情记下这份教学实录！因为我的内心一直涌动着爱的激情！是爱营造了这样和谐的教学氛围，是爱促就了这样灵动的教学境界。这里有学生对动物的爱，对探索的爱；有学生对老师的爱，有老师对学生的爱；有学生对学习的爱；有老师对语文教学的爱，对教育事业的爱。这是师生互爱的情感双向交流、共同升华的过程。在这个过程中，整个课堂逐渐构成了一个"情感心理场"，置身其中的每一个人不得不受到感染和教育。

显而易见，提出问题的生1是一个学困生，这原本是一个极为简单的问题，但是通过我的大加赞赏，孩子们拓展了思路，引申到动物命名的有趣特点上，增加了灵动性，这样的课堂生成竟然成为本节课最大的亮点。这样开放性的问题让孩子们几乎都有话可说，一一回答问题的孩子里，生4、生7、生8都是学困生，我真诚的鼓励与积极的评价让他们感受到了学语文的快乐。我想，这就是赏识课堂的魅力——播种爱的种子，呵护爱的幼苗，收获爱的果实，不仅是自然界万物的规律，更是情感育人的理想境界和最终目标。

呵护心灵的幼芽

有一年,学校安排我接手一个六年级的班。刚开学,班上一个叫王彪的学生的母亲来找我,她哭着告诉我,她丈夫有家暴,两个人已经离婚,她没有工作,只能靠亲戚的救济勉强糊口。王彪从小吃了很多苦,长得又小又瘦,成绩也不理想。

她说:"前几任老师都说我的儿子是弱智,我的孩子确实成绩不好,平时考试只能考几分,最高一次考了九分。老师叫我去医院开个弱智证明,送到学校教导处,这样王彪的考试成绩就不算自己班的平均分和其他别的分。桂老师,我理解老师,如果不这样做,我的孩子就会拖全班同学的后腿,说不定老师还要被学校扣钱,可你说哪有妈妈愿意带着自己的孩子到医院去,跟医生说把我的孩子测成弱智,哪有这样的妈妈呢?"

王彪妈妈抹抹眼泪,接着说:"可是我也没有办法,老师说如果不这样的话,王彪就得转学,我儿子成绩这么差,哪个学校会收呢?我的文化水平也不高,不能教他,我不能耽误孩子啊。"

我很同情她,说:"王彪妈妈,可想而知,这些年你和孩子受了不少苦,你现在打算怎么办呢?"

"我希望你不要让我带王彪去做智力测试。"说着,王彪妈妈几乎要跪下了,我连忙扶起她,说:"你的意思是要我承认他是正常孩子?"

她说:"嗯,桂老师,要是孩子考得不及格,学校扣了您多少钱,我就如数还给您。"

我说："这件事我知道了，我也能够理解你作为母亲的心情。这样吧，先给我一点时间，我观察一下王彪上课回答问题的情况，看看他的理解能力怎样，回答问题的正确率如何等等后，我才有发言权。请你放心，我会实事求是地看待你的孩子。"

就这样，我跟王彪接触了一个半月，这个孩子果真如前几位老师所说，一问三不知。课上只要一请他回答问题，其他孩子就笑。有几个调皮蛋直接在课堂上说开了："哼哼，弱智又来了。""智障男。"王彪的眼中满是无奈，谁一说他是弱智，他就盯着谁看，你再问他，"老师刚才问你什么问题？"他完全想不起来。我也替王彪着急，管学籍的老师催促我说："桂老师，你看王彪的情况我们该怎么办呢，学校规定只有三个月的时间，一定要把学籍归档，您可得抓紧了。"

那段时间，我每隔两三天就到王彪家里家访，把白天上的课晚上再给他上一遍。慢慢地，我发现王彪的脑袋里不是空空如也了，他开始能大概理解词义了，能知道文章大意了。

有一次，王彪对我说："桂老师，您知道吗，不是我不想认真思考问题，而是每一次老师点我起来回答问题时，其他同学就叫我弱智，他们都不记得我有名字了。他们一说我弱智，我心里就不舒服。"

我明白了："你心里不舒服，然后就忘了老师提的问题是什么，是不是？"

"嗯。因为我生气了。桂老师，我手上没有刀。"

"有刀怎么样呢？"

"有刀我可以砍他们。"王彪咬着牙说。

听到孩子这一番话，我心里一惊。

王彪的妈妈在旁一边听一边抹眼泪："桂老师，王彪总是跟我说，妈妈，我手上没有刀，我要有刀，凡是说我弱智的、智障的，我就把他们杀了。"

我意识到王彪的问题不仅仅是学习的问题，以往的老师和同学对他的歧视，以及父亲的家庭暴力的刺激让他背负了很大的心理负担，严重扭曲了孩子的心理，如果不及时帮助孩子纾解，很可能会出大事。

理清了王彪的问题，我制订了帮助他的转变计划。一方面我坚持到王彪家家访，为他补课。我想老师的慈爱，孩子是感受得到的，我的慈爱，王彪也一定能感受到。荣格说："一旦你成功地进行了情感协调，获得了他人认可，你就会对他产生极大的吸引力，你们就会实现良好的互动。"确实如此，我发现王彪越来越信任我，依赖我，明显地表现出对我的亲近了。

有一天家访结束，临走时，王彪跟我说："桂老师，天黑，拿个手电筒吧。"这是他对我说的最柔情的一句话，那一刻我感动极了，我知道孩子是爱我的，他感受到了我的真诚。有了共情的基础，我对他的话就管用多了，上课时一个眼神，一个提醒他都能坦然接受，上语文课明显有了兴致。随后，我又联系其他老师，让他们尽量对王彪多关照一些，态度温和一些。因为学生与老师的交流不仅仅是通过语言，肢体动作、面部表情都可以表达出说话者的态度。就这样，王彪对各科老师的敌意明显消退了很多，见到老师也能主动问好。但是如何去解决王彪与同学之间的冲突和矛盾呢？这时，管学籍的老师再次催促我："桂老师，三个月时间到了，你赶紧带王彪去做测试，否则学校就不收他的学籍。"我一边答应，一边暗中安排。

测试时间定在周三。我向学校请了半天假，陪着王彪和他妈妈一起来到某三甲医院。

王彪有些忐忑不安："桂老师，我怕。"

"没事,通过这段时间的认真学习,桂老师觉得你进步很大。过去成绩不好,只是因为你没有把心思放在学习上,你要相信自己。"我微笑着鼓励他。

很快,测试结果出来了。

"乖乖,恭喜你,你的智商,跟桂老师是一样的。"我扬着手中的报告单。

"不会吧?!"孩子将信将疑,又惊又喜。

"84.5分,你自己看。"我把报告单递到他的手里。

"桂老师,84.5分高吗,你的智商不是满分吗?"

"不是,没有谁的智商是满分的,我们都是正常人,你,桂老师,你妈妈,包括刚才给你做测试的任医生,我们的智商都是差不多的,都是七十几分、八十几分,九十分以上的很少,你对这个智商满不满意?"

"满意!满意!"王彪连声说,"桂老师,你明天会在班上宣布吗?"

"宣布,我一定宣布,我还要叫你妈妈把这个结果复印一份,贴到班上的宣传栏,从此以后再没有人说你是弱智了。"

"桂老师,同学们会叫我王彪了吗?"

"会,会,以后没人再敢乱说了,如果谁再说,你就让他看看这张报告单。以后你一定好好听讲,积极回答问题,认真完成作业,争取学习上有进步,让同学们完全改变对你的看法。"王彪使劲点头。

王彪的妈妈悄悄问我:"桂老师,这准吗?"

我肯定地说:"这是科学,难道你不相信三甲医院?"

渐渐地,在我的帮助和王彪的努力下,王彪的学习有了很大的起色,语文数学都考了七十多分,顺利地升入普通中学。直到今天,王彪和他的妈妈都不知道,为她儿子作智力测试的任医生,是我的前任学生的妈妈。我跟她商量好,所有的测试题目都是我出的,都是我在课堂上讲过的,都是我认为王彪有能力回答得了的。我给了孩子和孩子的母亲一个积极的心理暗示——科学证明王彪不是弱智。我相信,王彪把这个包袱抛掉了,他的心情就不一样了。心情不一样了,他的心理障碍就会消除。人一旦有了自信心,还有什么不能做好呢?

消失的"不及格"

有老师经常问我:"你是怎样在接班不长的时间里,把班上不及格的分数消灭完的?"其实,这个方法就是通过帮助王彪总结出来的,并且屡试不爽,成为我跟这些孩子的共同小秘密。

每接手一个新班,我会先在班上摸摸底,了解学生的学习成绩,做到争取对每个孩子的情况了如指掌。有些孩子成绩不好,但不愿意让其他同学知道自己是学困生。我就干脆地跟孩子说:"天知地知,你知我知,你爸妈,其他老师谁都不知道。就是'鬼'知道,就是我们两个'鬼'知道。"孩子听了就不好意思地笑了。

然后,我跟这些60分以下的孩子在不同的时间不同的地方约好,单独辅导,我把这个孩子安排在我办公室的一角,把那个孩子带到食堂里的小饭桌边,还有的孩子安排在阅览室,他们互相之间一定是背靠背,绝不碰面。我悄悄对他们说,下个星期考试,桂老师出的题,你们尽最大的努力做啊。

"好呀。"孩子当然满口答应。

不过,长期以来的学习困难怎么可能在那么短时间内解决呢,这几个孩子,肯定又不及格。不及格怎么办,我就再一对一地给他们辅导。但我明确告诉他们,这样的机会只有两次。

我分别对这些孩子说:"全班同学的试卷我都改完了,就你的试卷没有改完，你知道为什么吗？"我把试卷给他一看，对的我都打了勾，错了的答案上面没有红笔的任何记号，不打叉也不扣分。

"乖乖，桂老师没改的题目你都做错了，你现在配合我做一件事，用你昨天考试用的那支笔在答案旁边打个小叉，然后你在旁边再做一次。做完后，我再给你重新打分。"

某学生一听就说："桂老师，那不是不公平吗？"

我说："是啊。对全班同学来说这是不公平呀，但是我相信你改正后就懂了，以后肯定能和其他同学一起公平地打分。"

有个学生又说："桂老师，我是真的不会做，怎么办啊？"

我说："小傻瓜，我把你这错了的题全部给你重讲一遍，然后你重新做。但是桂老师有一个要求，你错的每一道题，我只给你讲一遍，而且这次要把答题时间缩短一半，明白吗？"

"明白！"

我开始给不及格的王乖乖讲错题，我故意把讲题的音量压低。压低，压低，再压低，再再压低……王乖乖一直往我跟前凑，到后来甚至屏住了呼吸往拢凑，目的就是为了听清我的讲解。啥叫上课认真听讲？啥叫上课注意力集中？啥叫重点知识绝不能漏掉老师讲的一个字？他们恍然大悟。

就这样，很多学困生上课会听讲了，成绩也慢慢有了起色。

有的学生在日记中写道："我从小到大从没这样认真听讲过，我甚至都屏住了呼吸听桂老师讲题。然后我用了15分钟顺利地把那几道题目做了出来，我看到桂老师拿着红笔打的勾勾比原来的大。我知道桂老师高兴，我也高兴。你猜我进步了多少分？我考了79分，我以前可没有及格过呢。桂老师，下一次我一定要突破80分。桂老师你放心，我以后上课一定要像今天听讲这样认真。"

我批注道："乖乖，真是善良的孩子，你知道桂老师给你一个人开小灶，这对其他同学来说是不公平的，知道自己以后要认真学习，这就是上进心的萌芽，我相信你一定能追上全班同学的步伐，不拖班级的后腿。"

当然，有的孩子，我给他单独辅导了两次，但他的成绩还是没有进步，他很惭愧地对我说："对不起，桂老师，我把两次机会都用完了。"

我安慰道："你有这样的心情，知道反省，这就够了，如果你确确实实是有很多知识不懂，桂老师再给你补。"我相信，我的努力和耐心对孩子不会没有丝毫影响，只是慢些，而当有一天，这个慢突然变快了，那就是飞跃。

语文这门学科，要想学好实属不易，除了课堂上的知识，还需要丰富的课外阅读支撑。语文老师首先应该帮助学生端正态度，增强学习语文的兴趣，孩子有了成功的体验，加上老师经常表扬和鼓励，他就会树立信心，慢慢地喜欢学习了。我还在班级营造书香氛围，鼓励孩子在课余时间多读课外书，课前10分钟，让学生讲讲自己读了什么书，会读会讲会写，语文素养就慢慢培养起来了。

桂老师心语：

正如莫兰所说，"认识永远是一种探险"，学习本身不应该是写在书本上的一个个静态的字符，而是在提出问题、理解问题、解决问题的动态过程。在学困生的转化过程中，我想强调的是，老师不应该仅仅让学生感受到学习的魅力所在，更要运用赏识教育的方法帮助他们建立积极向上的心理机制——激励的家访策略，积极的心理暗示，老师对学生的鼓励和关爱，自信心的培养，而这些非智力因素更能挖掘孩子的潜能，消除他们心里的阴影，去掉扣在他们头上"学困生"的帽子，当他们真正感受到学习的乐趣时，"他们才真正有可能在自己身上装一台属于自己的发动机"（李希贵语）。

第六章
向师生，爱在珍惜

桂老师手记

每个孩子都有自己独特的性格特征，基于家庭环境、遗传因素、父母性格的耳濡目染等多方面因素的影响，有的孩子活泼可爱，有的孩子内敛拘谨，有的则安静沉稳。在我看来，性格无关乎好坏，就像牡丹有牡丹的雍容华贵，百合有百合的清香淡雅，但很多老师因为自身的个性，偏爱或不喜欢某一类学生。

对于那些外向开朗、喜欢和老师亲近，经常主动地和老师打招呼，表现出极强的向师心理的孩子，有的老师觉得特别容易接纳他们，有的老师却觉得这类孩子太过开朗，太喜欢说话和表达，有时候又是很令人头疼的事情，会教导他们说："你要是把你这份精力用在学习上多么好。""少说话多做事。""沉默是金。"也有的老师会带着责骂的语气训诫孩子："你怎么总喜欢缠着老师，老师很忙。"这种时候，孩子就会很尴尬，老师也多少会觉得心里有些别扭和难受。其实，这些孩子比起太多成年人的不真实、不坦诚，反倒是难得的纯真。李希贵在《面向个体的教育》一书中，说道："真正的教育需要面对真实的学生。他们说的话来自他们的内心，他们做起事来不分人前人后，他们的思想随处可以真实地表达。"是的，"在真实的学生面前，教育可以寻到真正的起点；在真实的学生面前，方能锻打出教育智慧的利剑"。当孩子们"老师""老师"地挂在嘴边，下课时，孩子们围着老师团团转，那是他们尊重老师，喜欢老师，爱戴老师，他们的热情出自真心，教师应该爱护这份真实，珍惜这份纯真。

　　小孩子在尊师重教的环境里，学会了如何尊重老师和表达爱意，这样的表达尤为可贵。如果某一天，自己班级里的学生和老师迎面走过而熟视无睹，作为老师的我们反而会忐忑不安："是不是我哪里做得不好，让孩子和我不亲近了？""是不是我的礼仪教育做得不到位？"教育不仅仅是教授学生知识，更是一种情感的双向互动过程，当孩子们乐于主动向我们敞开心扉时，我们该倍加珍惜。

童眼寻春记

学生生命的成长是一种个性化的心理体验,对于儿童来说,这来源于从生活和学习中获得成就感、满足感,从而激发积极向上的心理原动力。对于向师生,老师需要用慧眼去点亮一颗颗童心,让他们散发自己的独特魅力。他们的激情一旦点燃,他们的热情和影响力往往会产生鲶鱼效应,在班级里推波助澜,感召更多的同学,从而形成良好的班级氛围。

记得三年级时,我让班上的学生写早春的观察日记。刚开始学习写作文,孩子们都觉得无话可说。于是,我带着孩子们在校园里找春天,观察春天树枝的变化,摸一摸小草刚发的芽,我告诉孩子们,只要是你看到的,听到的,摸到的,有感触的,都可以写进日记里。

一个叫欧阳的学生在日记中写道:"这是早春,天气依然很冷,我发现学校樟树枝的尖尖处,长有许多的小花苞,剥开这些小花苞,里面有一个红中带黄,大小像瓜籽里小瓜仁一样的米粒。把米粒用指甲一掐,还有水汁流出来呢。"在结尾处,孩子还附上这么一句:"桂老师,欧阳只写了这一句,欧阳只想给桂老师一个人看,不想给妈妈看,免得她要我'再多写点,再多写点',烦死了!"我提笔写下这样的评语:"欧阳同学,你读读,你读读,你难道没有发现吗,你观察得多么仔细呀,活脱脱一显微镜嘛,没有足够的耐心和细心的观察,是写不出这样具体生动的语言的。你知道吗?桂老师像你这么大的时候是不能跟你比的哦!"拿到本子以后,欧阳得意极了，在班上大声炫耀："你们看，你们看，桂老师说我是显微镜呢，桂老师说她都不能和我比，她可是特级教师哦！她可是名人哦！我要告诉桂老师，今后我要多写这样的句子。"一石激起千层浪，孩子们一听都围拢过来，羡慕地看着欧阳，"哦，原来，桂老师喜欢我们当显微镜呀！"

还有一个孩子在日记中写道："我看见学校的小草，小草笑眯眯地看着蒲公英，跟蒲公英点头了，啊，蒲公英上的小黄花正在跟地上的小草绵绵传情呢，哟，多姿多彩的春天来到了我们钟家村小学。"写完后，孩子很诚实地告诉我："桂老师，这是我抄的，我不会写，就是最后一句是我写的。这句话写活了小草，我很喜欢。"我的评语是："你读了这句话觉得很喜欢，马上把它抄到本子上来了，是不是？悄悄告诉你，如果我看到了这么美的句子也会这样做的。正如你说的，这句话用拟人的手法写出了小草和蒲公英绵绵话情的情境，把小草和蒲公英写活了，十分亲切，我想所有人都会喜欢的。不过呢，我要请你把最后一句话改一下，改成'这句话把小草写活了'会更好。"之后，这个学生把改好的日记本交过来，高兴地告诉我："桂老师，你看，我又找了好多写小草的拟人句呢！"我表扬他："你可以准备一个采蜜本，就像勤劳的小蜜蜂一样，每天积累一个好词一个好句，很快就可以酿成属于你自己的香甜的蜜糖了。积累多了，你还可以把你储存的花蜜和小伙伴分享呢！"我的这番鼓励让小乖乖高兴极了，通过他的"小喇叭广播站"一宣传，好多孩子也学习她的样子，准备了一个采蜜本，专门积累好词佳句。

在我看来，孩子刚开始学习写作，就像学走路，需要家长和老师扶一把。有时候借鉴是无可厚非的。如果在学习写作的起步阶段，老师就批评他说："你是抄的，还敢光明正大告诉我，多丢人！"那么孩子就没有自信心了。自信心没了，写作的兴趣和激情也消失殆尽，一个害怕写作的孩子，怎么可能写出优秀的作文来呢？所以，我珍惜孩子对我说的真话——"老师，这是我抄的。"我认为，当一个孩子对家长说真话时，家庭教育就成功了一半；当一个学生对老师说真话时，学校教育就成功了一半。所以，当孩子们相信我，愿意跟我吐露心声，把不愿意和父母说的话和我说，我感到相当欣慰。我的评语，不仅赞赏了孩子说真话的品质，点明了学习作文要多积累的方法，还跟孩子分析了这段话用了拟人的修辞手法，暗示教导这个孩子在作文里学会使用修辞手法，才可以把自己的文章写活。我的做法不仅保护了这位"向师生"的自尊心，而且点燃了他写作的热情，带动更多的孩子用正确的方法来学习写作。

经过我的这一番引导，孩子们产生了"向师效应"，很多孩子的观察日记写得有声有色。一个学生这样写："讲完了花，现在该讲草了，其实我一直都觉得草才是自然界的主角，因为草不仅绿油油的，而且无处不在，无处不生，它的顽强是任何花朵都比不上的。还有个诗人，我记不起来了，是这么赞美小草的：'野火烧不尽，春风吹又生。'"看到这个句子，我很得意，我觉得我的教育是成功的。这些孩子真诚而富有童趣。所以我给这个乖乖的日记写下了这样的评语："你写的这句话十分流畅，而且通过比较的手法写出草的可贵之处，因而得出草才是自然界主角的结论，写得真好。不仅如此，你引用古诗句结尾，使文章的中心更加明确，这出自一个九岁孩子之手，实在是难得，桂老师为你高兴。最后你引用的诗句，是唐代大诗人白居易的名诗《草》，请不要再忘了啊，爱你的桂老师。"后来，那个小乖乖回复我："知道啦，桂老师，我交了本子后就记起来了！下次肯定记住了，桂老师，我也爱你。"

也许有的老师觉得给学生改日记、改作文是件十分头疼的事情，面对孩子们磕磕绊绊的语言和平淡如水的大白话，老师们往往无从下手。在我看来，老师不仅要有等待花开的耐心，还要有一双慧眼，去发现芸芸众生里面的小千里马。很多文学大家都谈到自己小时候习作经常被老师当作范文在全班朗读的经历，这些经历为他们从事文学创作产生了巨大的心理助推力。

王崧舟在《语文的生命意蕴》一书中谈道："说到自己爱写作，我不得不感谢自己的小学语文老师——胡晓东老师。我读五年级时，写过一篇关于清明祭扫革命烈士墓的作文。老先生在讲评全班作文的时候，特意在黑板上大大地板书了两个成语——'死伤枕藉''视死如归'。然后，用他一贯的高腔上普话（上虞普通话的简写）对着全班同学说，这两个成语出自王崧舟的作文，两个成语像一个人的两只眼睛，他的作文炯炯有神。我听着胡老师的话，脸蛋通红、小眼放光、胸口扑通扑通地直跳。打这以后，但凡遇到作文，我就一个劲儿地找成语往里塞。时间一长，我的文章不但用词华贵，文气也变得清通许多。至今想来，这是我小学生活中收到的最美的礼物之一。"

尽管我们无法给予每一个孩子这样的展示舞台，但哪怕是一个字、一个词、一句话，经过老师激情洋溢的点评，孩子们就能由衷获得内心的成就感。是的，教师要有伯乐的智慧：一个好老师，不是传授给学生多少知识，而是要点燃、唤醒和激发孩子学习的兴趣和热情。

咽喉炎与戒烟糖

向师生就像阳光，灿烂无比，温暖炽热，他们对老师的爱往往率真直白、溢于言表。有的孩子一看到你就给你一个大大的拥抱，甚至偎依在你的怀里孩子气地撒娇，有的孩子一到过节就会为你准备贺卡、鲜花，写上一大堆祝福的话语，还有的孩子尤为细心，老师服装、发饰的一点变化都逃不过他们的火眼金睛，经常由衷地赞美你，如果老师生病了，他们更是贴心小棉袄，嘘寒问暖。

有一次我的咽喉炎又犯了，一说话就难受，到医院检查，医生嘱咐我少讲话或不讲话。这下可把孩子们急坏了。学生张舟从家里带来了药，并悄悄地放到抽屉里，还附了一张小纸条，上面写道："桂老师，这个药特有效，上次我爸咽喉炎犯了，一吃就好！你可一定要吃啊！"我感激地拿起药，一看才知道是戒烟糖！我笑着送给了学校的男老师。过了几天，我嗓子有所好转，就撑着讲课，我看见小张舟整节课都面带笑容。一下课，小张舟就高兴地跑到我面前，当着全班同学的面大声说："桂老师，怎么样，我送你的药很灵吧！"我摸着他的小脑袋瓜，使劲地点头。我想，善意的谎言大概不为过吧！

孩子的牵挂

　　2002年9月初，钟家村小学寄宿部竣工并开学了。万事开头难，我作为一名年长的教师，在工作期间和校领导、老师们一起出谋划策，早出晚归，加上六年级毕业班繁重的教育教学任务，超负荷工作的我在9月21日昏倒在学校楼梯上。当车子送我到医院抢救的时候，我的学生都哭了。在19天的住院期间，我的学生文文给我打了无数次电话，终于有一天打通了。她哭着说："桂老师，你醒了？"我说："我醒了！谢谢乖乖！"她急切地追问："你什么时候醒的？是昨天？今天？还是刚才？你一定要告诉我！"我随口就说："我刚才一接到你的电话就醒了！""啊，桂老师，那真是太神了！你知道吗？我怕你醒不过来，背着妈妈给你烧香呢。没想到，这办法还真灵，你真的醒了。"我感动地说："文文，有你的关心和挂念，桂老师哪有不醒的道理。"说实话，作为老师，我很想告诉她："烧香祈祷是迷信，我们不该相信。"可此时此刻的我面对时刻牵挂我的孩子，面对刚刚破涕而笑的孩子，为了珍惜孩子对我的这份情意，我违背了教育原则，可谁叫孩子如此爱我，谁又叫我如此爱孩子呢？

最美丽的戒指

我有一个学生叫陈雨,是特别细心的一个女孩子,她看见别的老师手上都戴着戒指,就我手上没有,就想送我一枚。有一回,她看到有一个婆婆在学校门口摆摊,摊子上有一枚红色的戒指特别好看。她的零花钱很少,便跟婆婆讨价还价,狠狠地磨了好长时间,最后还是用三块钱把它买了。第二天,陈雨很高兴地把这个戒指送给我。我接过戒指,红色的塑料珠子嵌在金色的指环上,我本不喜欢这类玩意儿,说了声"谢谢"便顺手把它塞进了抽屉,没有放在心上。

没有想到,陈雨却格外留心,她发现我一直都没有戴上她送的戒指,便问我:"桂老师,你为什么不戴我送给你的戒指?"

我告诉她:"桂老师其实有戒指,就是不喜欢戴。"

陈雨一听就急了:"桂老师,你不要就还给我,那是我特意为你买的,花了整整三块钱呢!"

我听了真是哭笑不得,连忙安慰她:"谢谢你,乖乖,谢谢。要不这样吧,要是你再碰到那个婆婆,就把戒指退了。"

"桂老师,你要是不戴,那我就……我就……"陈雨急得说不出话来。

我连忙蹲下来,咬着她耳朵说了一句话:"乖乖,我实话告诉你,你那个戒指太水货了。"说完我就哈哈地笑起来。

本以为自己挺幽默,没想到孩子竟然睁大眼睛,呆住了,她看着大笑的我说:"桂老师,我知道了,你把戒指给我吧。"

我觉得有点不对劲,问她:"你生气啦?"

"没有。"陈雨回答。下课后,她到我办公室硬是把那个戒指要走了。

这件事后,陈雨似乎变了一个人,以前爱笑爱闹爱在我跟前叽叽喳喳说个不停的女孩突然变得文静起来,很少来办公室找我聊天了,也不和我打招呼了。看到孩子的变化,我意识到自己"成人化"的思维模式让这位"向师生"失去了原有的活力,她对老师热忱的爱没有得到应有的回应,反而成为我的嘲弄,这无疑在她的心灵成长档案上涂上了重重的污渍。意识到自己行为的不妥,我便主动找机会弥补修复我和孩子之间的裂痕。

教师节前,我特意把陈雨留下来,对她说:"教师节到了,你是不是想送桂老师礼物啊?桂老师想起有几件衣服还真的非要红色的戒指配,你能不能把上次送我的戒指再送给桂老师呢,嗯,要不桂老师用三块钱从你那里买过来,好吗?"

"不用,桂老师,你不用给我钱,我已经把戒指退给那个婆婆了。"陈雨回答。

我的心里一紧,不知道该说什么。

没有想到,到了教师节那天,我的办公室的抽屉里赫然出现了一个漂亮的礼品纸,里面还包裹着什么东西,打开一看,竟然是陈雨上次送给我的那枚红色戒指——红色的塑料珠子嵌在金色的指环上。礼品纸里还夹着一张小纸条:"桂老师,当听到你找我要这枚红色戒指的时候,说句真心话,我暗暗开心,桂老师,你知道,我特别喜欢你,我希望你也像别的女老师那样,把自己打扮得漂亮一点。今天,我把这枚戒指送给你,你一定要戴上!你一定要戴上哦!"我感动极了,毫不犹豫地把戒指戴在了手上。

第二天,我特意穿了一件颜色鲜艳的外套配这枚戒指,我想,我要戴给陈雨看。上课的时候,我看见,陈雨一直面带微笑地举手发言,面带微笑地朗读课文，我想她一定是看到我戴上了她送给我的戒指，她一定感受到了她的心意被老师接纳了。学生开心了，做老师的我也就开心了，至于喜不喜欢戴戒指，戴怎样的戒指又有什么重要的呢？

乐乐的贺卡

教师节要到了,我要求我们三年级2班的孩子们做贺卡送给老师。一个叫刘乐乐的小朋友一边做一边喜滋滋地告诉我:"我想做一张最漂亮的贺卡,送给我最喜欢的数学老师刘老师。"没想到,第二天,我刚准备进办公室,却看见乐乐站在垃圾桶旁边,手里捏着她心爱的贺卡使劲地哭鼻子。

"怎么了?"我连忙把她揽在我的怀里说,"乖乖,能告诉桂老师为什么伤心吗?你不是乐乐吗?你要乐呀!"

"桂老师,你教我们做贺卡,说送给我们最喜欢的老师,这是我和妈妈昨天做到深夜12点多才做好的贺卡,我送给刘老师,结果刘老师把它扔到垃圾桶里去了。"她在我的怀里很不开心,用手卷自己的衣角,卷成麻花,又卷成辫子样。我打开她手里的贺卡,卡片上画着蓝天白云,我想象着孩子和妈妈一起画画,涂上漂亮的色彩,用剪刀和镊子把剪下的彩纸细心地粘贴在贺卡上的情景,心里五味杂陈。

"桂老师,还有更可气的,我们班的男生朱大强叫我'垃圾桶',说刘老师不喜欢我做的卡片,所以扔进了垃圾桶。可我早上送给刘老师时,他还很高兴地说谢谢我,为什么又丢进垃圾桶呢?"乐乐抽抽搭搭地问我。

我不知道该如何回答,很多时候,孩子们会送给老师一些自己珍爱的小玩意儿,一颗弹珠、一朵野花、一个手工折纸、一幅涂鸦、一张贺卡,就像陈雨送给我的那一枚红色的戒指，看起来毫无价值的东西却是孩子们眼中的宝贝，因为这小小的东西，可能花费了孩子们很多的心思，可我们却往往用成人的眼光来评判这些东西的价值，殊不知童心可贵，我们如若不懂得珍惜，就会伤害孩子那颗敏感的心。我灵机一动，对乐乐说："乐乐，桂老师收到了很多张贺卡，但就是没有这样蓝天白云的，你能不能把这张贺卡送给桂老师呀？"

她一边抹眼泪一边说："上面写的是祝刘老师教师节快乐，怎么能送给你呢？"

"桂老师有办法呀，你在刘老师下面写上桂老师，这张贺卡不就既可以送给刘老师又可以送给桂老师了吗？"

"可以这样吗？"乐乐有些犹豫。

"当然可以啦。不过桂老师这三个字一定得你亲笔写上。"说着，我把一支笔递给她。她马上在"刘老师"三个字下面工工整整地写上"桂老师"三个字。

我说："乖乖，跟我说句什么话呀？快点，我已经等不及啦！"

小乐乐马上拿着她亲手做的美丽的贺卡，递到我的胸前："桂老师，乐乐祝你节日快乐！"

我抹去她脸上的泪珠，说："我现在还不能接受，你要是能在你的名字下面画一个笑脸再送给我，我就更开心了，可以吗？"

"可以呀。"

"桂老师最喜欢你的笑脸了，你知道吗？"乐乐拿起笔在她的名字下面画了一个太阳般的笑脸。

"哇，这个笑脸跟乐乐一模一样，乐乐要跟画的这个'乐乐'笑脸一样笑哦！"说着，我接过贺卡，并在"桂老师"三个字旁边也画了一个卷毛笑脸。乐乐见了破涕为笑。看着乐乐燕雀一般跑出去的身影，我心里甭提多开心了。

过了不久的一天，我在班上上完课，大课间休息的时候，我坐在讲台上休息，拿出手机翻看起相册里的照片。孩子们很快围拢过来，叽叽喳喳地说起来：

"桂老师，这是你们家吗？"

"是啊！这是我的家。"

"桂老师，你们家好漂亮啊！"

"桂老师，我家也有一个这样的沙发！"

"桂老师，这是你们家的书房吧？"

"是啊，我就是在书房里，在这张桌子上看书、备课哦！"

我特意将书房的照片放大，屏幕上出现了飞扬的窗帘，桌上的相框，摆放整齐的书本……突然，围观的人群中发出一声惊呼："啊！那是我送给你的！那是我送给你的贺卡！"原来乐乐看到了我摆放在桌子上的相框，相框里就是那张她送给我的蓝天白云贺卡。乐乐激动得小脸涨得通红，大眼睛里闪烁着不可思议的光亮。

我忙把乐乐拉过来，凑到笑盈盈的乐乐小脸旁，小声问道："这是谁的贺卡啊？"

乐乐也小声说："我的贺卡。桂老师，你真的很喜欢这张贺卡耶，还把它镶在相框里摆起来。"

我笑着对她说："是啊，小乖乖，我把这张贺卡放在书桌上，这样看书看累了的时候，一抬眼就能看到蓝天白云，多好啊！还能看到你我的笑脸，心情就变好了呢！"乐乐重重地点着头，我顿时觉得这一张善意的"摆拍"没有白费心机。

桂老师心语：

大教育家苏霍姆林斯基曾在一个春天，和他的学生们共同买了一条小木船，然后划到一个荒无人烟的小岛上去探险。他说道："买船是出于我想给孩子们带来快乐，而孩子们的快乐，是我最大的幸福。"李吉林曾写道："我爱儿童，一辈子爱。如今我已不是儿童，但喜似儿童，我只不过是个长大的儿童。我多么喜欢自己永远像儿童！因为我是他们的老师和朋友。"教师应该做长大的儿童，在孩子面前，教育者要有一颗童心，用童心去理解童心，用童心去呵护童心，用童心去珍爱童心，只有这样的教育，才是真正的情感教育。

第七章 背师生，爱在主动

桂老师手记

背师生是相对向师生提出来的,是与向师生完全不同的一类学生。他们性格比较内向。

艾森克对内向性格描述为:安静,离群,内省,喜欢独处而不喜欢接触人。保守,与人保持一定距离(除非挚友)。

每个班里都会有这样一群孩子,性格内向,言语不多,有的在班级里只和极少数同学往来,基本上不和老师交流;有的则只和一两个小伙伴在固定的地点说悄悄话,看见老师就远远地避开,背对老师。在我看来,内向是一种性格特征,无关乎好坏。但由于内向的天然屏障,很容易让老师同这样的孩子拉开距离,看不清他们的小心思,不能轻易掌握到他们的心理动态。这就需要教师主动出击。对于内向生,我总是主动地接近他们:看见他们,我就先和他们打招呼;路上碰到了,就轻轻地拍拍他们的头;课间,和他们聊聊孩子们的热门话题;做大扫除时,拿起工具来到他们的包干区和他们一起干;改作业的时候,尽量在他们的作业本上写几句暖心的话,"你的字写得真好,老师喜欢看你的字,更喜欢批阅你的作业";做课间操时,来到他们的身边,咬着他们的耳朵说:"这一节操你做得最好,我都没有你做得好。"……这一切的举动都是为了让他们封闭的内心感觉到教师对他们的关心和爱护,使他们克服胆小畏惧的心理,增强自信心,融入到班集体中来,体会集体生活、学习的快乐和温馨。

崭新的梁晨

梁晨是一个性格内向，但是内心世界很丰富的孩子，我鼓励他将自己的想法用文字的方式记录下来，他曾写了这样一篇日记：

每当桂老师提出问题的时候，同学们都争先恐后地举手要求回答，有些同学还激动地拉住桂老师的手或者是衣角说："桂老师，让我来回答，让我来回答。"可有一位同学很少发言，因为他总是在心里琢磨：我的回答是正确的吗？我这样说老师和同学会有什么反应呢？他总是试着举起他的小手，又悄悄趁老师不注意时迅速地放下。没想到，下课的时候，桂老师主动找到他，在没人的地方，和蔼可亲地问他："你为什么不举手呀，难道是不会吗？可以告诉桂老师吗？"那位同学害羞极了，不敢看老师的眼睛，犹豫了老半天才低着头小声回答："我都会，可我举手爱发抖。"没想到，桂老师一点也不生气，只是非常温柔地摸着那位同学的头说："我很喜欢你，不要怕。多举手就不会发抖了，回答错了老师也会给你一个微笑，我们拉钩，好吗？"那位同学听完后，觉得心里暖暖的，就像三月的阳光，他高兴地点点头，伸出自己的小拇指，桂老师连忙伸出自己的小拇指，两个小拇指一勾，"这是我和桂老师的小秘密。"

你们知道那位同学是谁吗？没错，那位同学就是过去的我。

的确，过去的我胆子很小，可我一定会在桂老师的耐心启发下，锻炼自己，积极举手发言，成为桂老师的好学生，来报答桂老师对我的关爱和鼓励。

　　我就是梁晨，一个崭新的梁晨。

你看，孩子的内心世界就是这样纯真，他们虽然性格内向，口头表达能力不强，但老师一定要多听听他们内心的话，走进他们的内心世界，用爱心培育爱心，用心灵照亮心灵。这样的世界会多一缕阳光。

想当小嘉宾

我们学校50周年校庆那天，发生了这么一件事情。那天，学校将举办一场盛大而隆重的庆典活动，邀请了领导、嘉宾、家长代表参加，孩子们还准备了精彩的节目。小朋友们带着小凳子整整齐齐地坐在操场上。当主持人邀请嘉宾们上台时，一位嘉宾胸前佩戴的鲜花不小心掉到了地上。这时，我看见一个低年级的男生偷偷地把那朵鲜花胸针捡起来，趁人不注意悄悄地把它藏在了衣服里，可能是怕把花压坏，他又小心翼翼地把花塞到裤兜里，但荷包太小，放不下。孩子坐立不安，小屁股在凳子上扭来扭去，一双小眼睛环顾四周，手还遮遮掩掩，要是被人发现就糟啦。过了一会，只见他悄悄起身，猫着腰往教学楼走去。我一直观察着他，好奇他接下来会怎么做，便跟了过去。

只见小男孩蹑手蹑脚地上楼进了教室，把前后门轻轻关上。我悄悄从教室后窗的缝隙往里面看，那个小家伙正想把这鲜花往自己身上戴呢。不知道是太紧张，还是手不够灵巧，戴了几遍才好不容易戴到了胸口上。这下，男孩可高兴了，他学着嘉宾的模样把手背到后面，在教室里来回踱着方步，隔了一会儿，又对着窗户的玻璃左照照右看看，神气极了。

约莫是觉得一个人在教室里走来走去不够尽兴，男孩走了几遍，然后偷偷地把前门打开一条缝，一看走廊上没有人，便大摇大摆地走了出来，他把手背在后面，把胸脯挺得高高的，尤其是他戴了鲜花的右胸挺得特别特别的高。他一边走一边嘴里哼哼哈嘿，一副洋洋自得状。我偷偷看着，有好几次都忍不住想笑出声来。

"呦呵，你还戴着嘉宾的鲜花胸针呢，我都没戴上，你倒是戴上了。"学校的一位体育老师从厕所里走出来，正好撞见了男孩的这番举动，冷不丁冒了一句逗孩子的话。

小男孩的脸"腾"地变红了，手忙脚乱地把鲜花胸针取下来，连声说道："老师，这是我捡的，这是我捡的。"

"捡的怎么不还回去呢？"体育老师不依不饶。

"老师，这真的是我捡的，我就想戴一下，老师给你，我不要了，你戴着吧。"孩子紧张极了，声音结结巴巴，手中的花掉到了地上，他想了想又补充了一句，"老师，你不要告诉我们刘老师。你不要告诉他，这真的是我捡的。"

看着小男孩的窘态，我连忙走上去解围："这事我来处理吧。"

看着体育老师走了，我蹲下来问他："乖乖，你想当嘉宾？"

"桂老师，桂老师，这花真的是我捡到的。"男孩认识我，似乎怕我"告状"，又强调了一遍。估计是因为被逮了个正着，此刻他红着脸，低着头，与刚才的神气活现的样子判若两人。

"我知道，我看到了，你在台阶那里捡的，然后把它放到自己的衣服里面偷偷地上了楼。从一楼到二楼，到二年级1班的教室，把门关上，然后戴在身上，对不对？我全都看到了。"

"啊，桂老师都看到了？"小男孩惊呼了一声，更不好意思了。

"你戴着鲜花胸针的样子就像一个真正的嘉宾，乖乖，告诉桂老师，想不想当嘉宾啊？"

"想！"

我把掉在地上的鲜花胸针捡起来，戴在男孩的胸前，"桂老师想跟我们学校真正的小嘉宾合个影,可以吗?"

听我这么一说,男孩笑得像花一样,连忙点头,挺起胸膛,比了一个"耶"的姿势,我立刻拿着手机,把手放到他的小肩膀上,对着我们俩的脸照了两个大头像,"咔嚓",我把照片给他看,"那朵鲜花胸针,跟我们照片上的笑脸一样美丽,喜欢吗,小嘉宾?"

他脆生生地回答:"小嘉宾喜欢。"

后来,我花了一元一角钱把这张照片洗出来,送给了小男孩。我并不知道他的名字,但我想,孩子的愿望其实很简单,只要孩子高兴,我也高兴。过了几天,男孩的妈妈跑到学校来,想方设法找到我,她感激地对我说:"桂老师,谢谢你给我儿子照的那张相。其实你不知道,我儿子是个很内向的孩子,在班上很少说话,只喜欢一个人玩,也很少看他笑,你给他的照片让他开心极了,逢人就说桂老师给我照了相,我要早一点到学校去,我要做个好孩子。"

一个不经意的行为,加一张一元一角钱的照片,竟然就这样点燃了一个孩子的热情,这是我没有想到的。我只是窥探到了男孩小小的秘密,并满足了他"想当小嘉宾"的愿望,竟成为他成长的动力。

看着小男孩戴着鲜花,脸上得意洋洋的高兴劲儿,我知道这个快乐来之不易。我也是打心眼里感到高兴。认识我的人都说我的教育故事很多,我想有这么多教育故事不仅仅是因为我和孩子们在一起的时间长了,更是因为这些故事的源头是我自己的童年。

小时候,我们家在农村,自然天成的教育方式使得我的童年在玩中学习,在玩中成长。父亲每天喝酒都有佐酒小食,在当时物资匮乏的年代,父亲的下酒菜是一小盘油炸花生米、一小盘油炸兰花豆,这在当时就是我们眼里绝对的美食。每当父亲小酒杯端起来,我们姊妹都会想着法子讨几颗来吃,而父亲是不会白给的。

记得当时农村村村通有线广播喇叭,这是农村人当时了解信息的唯一渠道。每天中午十二点半,广播喇叭里就播广播剧展播,什么《快乐王子》,什么《卖火柴的小女孩》,什么《项链》,什么《为了六十一个阶级兄弟》……每天晚上十八点,刘兰芳的评书《岳飞传》;每天晚上二十一点,王刚的小说联播《夜幕下的哈尔滨》……每当听完一段广播,父亲就把腿一拱,让坐在他腿上的我下去,把刚听到的广播学给他听,演得像,奖赏两颗花生米加两颗兰花豆,演得再像,奖赏四颗花生米加四颗兰花豆,演得和广播里一模一样,两个盘子可以端走。

父亲是无心插柳,他没有想到,在他这样的诱惑下,他的小女儿不仅听遍了世间名篇故事,惟妙惟肖地学会了剧中的许多台词对话,还练就了过耳不忘的本领。父亲没有想到我长大后会当老师,而这童年留下的记忆,成为我后来的教学智慧灵感,复制成无数的快乐。正是因为我拥有幸福而快乐的童年,所以我要给孩子幸福的童年,因为我懂得,童年对于孩子的一生,是多么的重要。我才一直保存着一颗童心,做快乐的孩子王。后来我的丈夫知道了我的童年经历后,写下这样一副对联送给我:"童年的爱好练就你未来成功的翅膀,父亲逗女儿的方式成就了女儿的明天。横批——童子功。"

苏霍姆林斯基说过:"尊敬的教育者们,请时刻都不要忘记:有一样东西是任何教学大纲和教科书、任何教学方式都没有做出规定的,这就是儿童的幸福和充实的精神生活。"到底我们要培养什么样的人?我想就是苏霍姆林斯基提到的有幸福和充实的精神生活的人。没有健康、充实、愉快的精神生活的人是不幸的。我无法想象,一个没有体会过爱的孩子,在成年后的生活中,用什么去爱?拿什么来爱?

每一个孩子都有受教育的权利,每一个孩子都有快乐的权利。而人与人的关系中,教师对学生的影响是最直接、最全面、最持久、最深远的,甚至是一个眼神、一句话很可能就决定了孩子一生的命运。（张文质语）对于一位有事业心的教师来说，无论是不是自己班级的学生，都应该用真诚的态度和真挚的情感去与学生交朋友，用儿童的视觉去看待孩子的行为，而不是用成人化的思维去衡量、评判孩子的一举一动。任何高深精湛的教育技巧都比不过一颗爱孩子的童心。当我们把爱心自然而然地献给学生，学生是一定能体会到的。当孩子也愿意向我们敞开心扉时，我们的教育就是成功的。

"桂"计多端

我们班还有一个内向的学生叫何珊,何乖乖个子不大,皮肤白净,说话做事十分拘谨。我到她家里家访,了解到孩子的父母感情很好,爷爷奶奶外公外婆都相处得非常好。孩子爸爸说:"这孩子呢,就是从小到大性格非常内向,不怎么爱说话。现在也三年级了,不知道还能不能转变?"我想孩子可能是胆子小,自信心不足,说:"我先试试看,但孩子还是要顺其自然成长,不能操之过急。"

我开始慢慢接近何乖乖。为了鼓励她勇于表达自己的想法,我在课上有意识地请她举手发言,可是小姑娘总是忸怩不安,声音小得像蚊子叫,每次我都要凑到她的身边才能听清楚。我担心自己太着急反而适得其反,便事先到她身边小声问她,"这个问题你能不能回答?"看她点点头,我才大声地点她的名字。下课后,我把何乖乖拉到我跟前,跟她说:"你要是觉得这个问题你可以答,你就举右手,不会回答你就举左手,好吗?"何乖乖点点头。尽管如此,她还是很少举手,变化不大。我知道,很多时候,孩子会用低估自己的手段来保护自我,就像何乖乖,她的心门关得紧紧的,不让我接近。

一计不成,再生一计。有一天,我刚跨进学校大门就看见前面大概50米远就是小何珊,我三步并作两步,走到她身边去,跟她擦肩的一刹那,我回过头来快速地说了一句话:"珊何好上早。"我把"何珊早上好"故意反过来说，想逗她，然后就大步流星地往前走了。走了几步，我偷偷地回过头看她，她愣在那里，一头雾水的样子。我忍住不笑。过了两天，我又在学校门口看到了她，我照例又在和她擦肩的时候快速地说了一句："珊何好上早。"还没等小姑娘反应过来，我又加快脚步离开了，我故意要把悬念留给她。

果不其然，第三天，何珊按捺不住好奇心，站在校门口等着我跟她说那句神秘的话，她一看见我过来，立刻把身子凑过来，头和耳朵都伸得长长的。我和往常一样，和她擦身而过时连忙说道："珊何好上早。"然后扬长而去。小姑娘站在原地，一脸迷糊状，我捂着嘴，一边笑一边上楼。她回过神来，在我的身后追，可怎么也没追上。我要把何珊的胃口吊得足足的，可不能让她轻易追上呢。

又过了几天，远远地，我就看到了何珊的身影，这回她把她高一个年级的表姐也带来了，两人一起在学校门口站着等我，她见我走近了，就用手撞她表姐的手臂，"来了来了，好好听着。"她俩探过身子，竖起四只耳朵，想仔细听我说了啥。我的语速比前几次更快："珊何好上早。"我听到两人在背后讨论，"桂老师跟我说的啥？你听清楚没有？"只听她表姐嘟囔了这么一句："囔囔囔囔……没听清。"我开心地上楼了。

我在等待何珊主动来找我。第二天，何珊果然憋不住了，在校门口把我拦着，不让我走："桂老师，你一定要告诉我你跟我说了啥？"

我看着她就笑，她急了："桂老师，你还笑，快说。"

我说："我说的'何珊早上好。'"

"你不是说的这个，"何珊不信，拉着我的衣袖央求我，"桂老师，你告诉我吧。求求你了。"

"我就是说的这个。"

"你不是说的这个。"她跺起脚来，嗓门提高了八分贝。这可和平时那个低头不说话的小姑娘判若两人。

我达到目的了，微笑地看着她："我就是说的这几个字，不信，你瞧。"说着，我从口袋里掏出一张纸条递给她，上面写着："何珊早上好，反着念，珊何好上早，并且要念快一点哦。"

她跟着念道："珊何好上早，珊何好上早。""乖乖，念快一点，再念快一点。"她试着越念越快，突然，她一下笑开了花，转过来一把抱住我的腰："你个桂老师，我以为你给我布置什么任务我没有完成呢，你不知道，这几天我都没睡好，我天天晚上都在想你说的啥。"

我看她又急又气的样子，高兴地说："笑了吧，笑了吧！我就喜欢何乖乖笑。"

"你个桂老师，有时就是个'鬼'老师！"何乖乖又是捶我的背，又是跺自己的脚，笑得合不拢嘴。那一刻，我心里无比欢欣，既有计谋得逞的小得意，更是因为何珊那甜甜的笑容。

后来何珊把这件事情写出来，题目就叫《桂老师，"鬼"老师》。这篇习作还发表在《小学生作文》杂志上。编辑部的同事在评语中这样写道："从何珊同学写的这篇习作中，我感受到了一个小学老师的魅力。为了让孩子快乐，老师竟然想到这种匠心独运的办法。读着读着，我们也笑了，我们实在佩服桂老师智慧的教育方法，也深深为桂老师的爱心情怀所折服，我们也想跟何珊一样叫你，桂老师，鬼老师。"

我的欲擒故纵之计让何珊变得爱笑了，教室里会时常听到她咯咯咯的笑声，每次看到我，她都会扑到我怀里，亲昵地叫我"鬼老师"。我就是"鬼"老师，因为我的鬼点子最多。从我做教师的第一天起，我就想着用"鬼点子"装点孩子的学习生活，让他们快乐。记得1981年我从师范学校毕业，被分配到武汉市洪山区九峰乡何刘村何刘小学。开学第一天，我在班上点名，点完名之后我对孩子们感叹道："我终于知道你们这里为什么叫何刘小学了。27个同学，16个姓何，11个人姓刘，何刘。"全班同学听完和我一起大笑。接着，我把全班同学分成了两组，第一组，刘家16个人，第二组，何家11个人。校长巡堂时看见我们班竟然只有两个组，而别的班都是四个组，说："小桂老师，你们班最不整齐，一组这么长，另一组这么短。"我振振有词："我们班是人类课堂班级授课制以来最整齐的，因为，我是按家谱分的。"这句话让校长笑得合不拢嘴。

也许正是因为这样的童心，开朗的心态，有趣的"鬼点子"，几十年的教育生涯，我从来没有感觉到厌倦，在与孩子们的互动中，我感到充满了乐趣，和孩子们一起在玩中学习，自己也成了一个孩子。

桂老师心语：

　　我的学生冯雪叶说："桂老师只要是偷偷地一笑，我们就知道她又有什么点子要出来了。她站在我们面前是桂老师，但她脑子里还有无数个桂老师，都在帮她想点子。"我们班上的刘畅说："桂老师的脑袋就是个口袋，里面装着各种各样的金点子，我们不知道她是怎么想出来的。"

　　年轻的老师像孩子们一般问我："桂老师，你是怎么想出这么多点子的呢？"我卖关子说"不告诉你们"。当他们一个劲地逼着我问的时候，我就郑重其事地告诉他们说："如果你们觉得我的点子又好又很智慧，那可能是因为我喜欢和孩子们在一起，要知道，和孩子们在一起时间长了，点子自然就涌出来了。"是的，正如李镇西老师说的，童心是师爱的源泉。而我就拥有一颗童心，别的老师觉得头疼的学生，在我这里就变成了"小三毛""小居里夫人"；别的老师眼中孩子犯的某些错误，在我这里就变成了孩子有趣的小把戏。跟孩子们在一起，我觉得特别有意思，经常开心得一蹦三尺高。

第八章 个性生,爱在尊重

桂老师手记

个性意味着独特，与众不同，但它并非一个贬义词。世界上没有两片相同的树叶，即便是双胞胎也有差异。记得有人说过这样一句话，人与人之间的差别并不大，但最美妙的就在于那一点微妙的差异。正是差异性成为个体的人最重要的部分。所以，有的父母会说："如果我的孩子生来就是一棵桃树，你就不能把它培养成一棵李树。"但是，由于学校教育的集中授课制让教师们追求教育的整齐划一，往往做出一些"李代桃僵"的事情，在某种程度上不但抑制了个性生的自由发展。

李希贵用树来比喻学生，"那棵树与这棵树并不一样，有的需要在天空挺拔，有的则需要在河边茁壮；有的习惯于云山雾罩，有的却渴望阳光普照。经营森林的大自然无法关照千姿百态的树种，于是，物竞天择，适者生存，就有了黄山险峰的松涛和长白山白桦林的色调。"他说道："校园不比森林，我们没有权力通过竞争淘汰那些生而平等的孩子，我们的职业操守不允许我们只会欣赏松涛、呵护白桦。于是，如何造就一种新的学校生态，让百花争艳、百舸争流，让乌龟和兔子各显风流，发现每棵树的生存需求和生存价值，就成为校园里的重大挑战。"所谓"不见树木，只见森林"，而我们教师要做的就是发现那棵树，尊重那棵树。

这首先需要教师有包容的胸怀，我们要容得下个性鲜明的孩子，切不可因为他们"身上萌芽出充满生机的枝枝杈杈，就过早地将这些'旁逸斜出'扼杀"。(李希贵语) 其次，教师需要有发现的眼睛，为孩子搭建适合他成长的平台，根据其个性，发展其爱好，"因为只有在不一样的生态里，那棵树才有可能变得不同于这棵树"。教师还应将对学生的评判标准多样化，苏霍姆林斯基曾说过："不要让上课、评分成为人的精神生活的唯一的、吞没一切的活动领域。如果一个人只是在分数上表现自己，那么就可以毫不夸张地说，他等于根本没有表现自己，而我们的教育者，在人的这种片面表现的情况下，就根本算不得是教育者——我们只看到一片花瓣，而没有看到整个花朵。"分数和人格发展是两回事，无论成绩优劣的学生，他们都需要一个看清自己的"镜子"，一个纾解情绪的"管道"，一个实现自我的途径，这才是教育以人为本的具体表现。

点化冰清

记得我带的寄宿部六（1）班上有个叫赵冰清的女生，她各方面都是全班同学当中的佼佼者，不但各科成绩名列前茅，被同学们誉为"学霸"，而且面容姣好，被大家称为"班花"。本以为这样的"天之骄女"应该特别阳光快乐，然而她看起来却闷闷不乐。我跟学生打听情况，一位女生告诉我："桂老师你不知道，谁要是在502寝室坐了赵靓姐的床，她就会和谁拼命！"据说，我们学校财务处的一位女老师到502寝室找生活老师有事，就坐到了她的床上。没想到，刚一坐下，赵冰清进来了，她二话不说，走上前去，一把就将这位女老师拽起来，指着她的鼻子说："你知不知道你身上有多少灰尘，竟坐在我的床上？我的床我妈妈都不让坐。"女老师被赵冰清突如其来的举动惊得一愣一愣的，转身就走，嘴里不住地嘀咕："今天起早了，起早了，倒大霉了。这种学生惹不起！惹不起！我从没有见过这样的学生！"这件事传开以后，同学们对她敬而远之，老师当中也对此议论纷纷。

这件事发生不久后的一天，我在《武汉晚报》上看到了赵冰清发表的一篇文章，题目是《我渴望朋友》，字里行间表达了一个生活在集体中却非常孤独，非常无奈，渴望玩伴的小学生的迫切心情。

那天晚自习结束了，我径直来到赵冰清的寝室，故意站在她的床边说："赵乖乖，你不请桂老师坐下吗？"她非常麻利地从枕头底下拿出一张报纸铺在床沿上。我笑着看着她说："你很讲卫生，这很好！床铺本来是睡觉用的，万不得已才用来坐一坐。"她一听，连忙递上一句："谢谢桂老师！我去拿我的小板凳给您坐！"我对她的行为表示出来的理解和尊重赢得了她的信任。那天，我和她坐在凳子上聊了许多，同学们都入睡了，我们谈话的声音也越来越小。她向我倾诉自己的烦恼：她从小就特别爱干净，从不坐别人的床，包括父母的床；她也不愿意让别人坐她的床，总觉得这样不卫生。可是，同学们都不理解她，背地里说她孤傲，她在班级里、寝室里被大家疏远，没有朋友。说着说着，她的眼泪掉了下来。此时此刻，我什么也没有说，只是静静地听着。夜很静，我递上纸巾，陪伴着她坐了很久，我想这些话在她心里一定憋得太久了，如果她不说出来，在寄宿部又缺乏父母的陪伴，很容易产生心理疾病。那一刻，我理解了蒋勋所说的"教育不是在教书，事实上这是一份救人的工作"。

理解是打开心灵的钥匙。后来，我经常和她谈心，倾听她的心事，帮她建立了一个情绪的"通风口"；背地里，我给班干部和女生们做思想工作，重构她的人际交往环境。我告诉同学们：赵冰清的个性不是孤傲，只是爱干净，别人坐她的床她觉得脏，这样的感受都是不由自主的，我们不能轻易给他人贴标签，盖棺定论。尊重他人的个性是一种成熟的表现……渐渐地，同学们都能理解她了，对她和善亲近了许多，小姑娘脸上的愁云烟消云散了，本来聪慧的小才女更加出众超群了。而更让我欣喜的是，通过此事，全班大部分学生知晓了在集体生活中，只有相互理解，才能相互尊重，彰显个性，友善待人才能演奏出和谐美妙的乐章。

在对待个性生时，理解是非常重要的一环。教师应该常常思考："这个学生的学习风格是什么样的？""她对什么感兴趣？""她对什么最厌恶？""他有什么样的特长能够影响其他同伴？"只有把学生真正地当成个体看待，发掘每个个体的特质，才能做到理解学生。同时，教师也要引导班级同学包容个性生，教师要利用好集体的力量，引导学生懂得包容、接纳。

"小犟驴"变了

我有一个学生叫范勇,那个孩子的个性十分要强,简直就是头"小犟驴"。有一次,不知道是谁当面揭他的短,他当即翻脸,抡起了拳头,事后他竟然整整一个学期没有搭理那个同学,估计是觉得自己"丢了面子"吧。这个小家伙小小年纪就显示出很强的自尊心。对他,我往往是当面大肆表扬,暗地里悄悄批评,因势利导,给他一个台阶下。这一招颇为奏效,他对我的话几乎是"言听计从",很少犯浑。

三年级时,有一天,刚一上课,我后脚还没走进教室,就看到一二组后面的同学几乎都离开了座位跑到前面来了,有的同学用手紧捂着鼻子,嘴里不住地叫着"好臭好臭""难闻死了难闻死了"……其实,我一进教室就闻到了一股异味,但我绝不能露声色,因为我发现只有小范勇一个人坐在第一组最后面的座位上,一动不动,脸上的表情十分不自然。我明白了八九分,此时如果贸然指出,让范勇离开教室去换洗,只会让他尴尬,伤他的自尊。于是,我故意把脚步放慢,放慢再放慢,朝讲台上走去,任凭同学们大呼小叫,我也不闻不问。从教室门口到讲台的距离不过几米,我却走了很久,我在思考:怎么办?怎么"解救"范勇?

等我刚走到讲台边,顿生一计。

"哎哟,哎哟……"我大声地叫起来,靠在讲台边,双腿渐渐软了下来,脸上露出难受的表情。

这一下，全班同学都把注意力转移到我这里了，"桂老师你怎么了？"

"桂老师你病了吗？"

"桂老师你不舒服，我叫数学老师过来代课，把你送到医院去。"

……

我偷偷观察孩子们，刚才跑到前面捂着鼻子的那几个同学都围拢在我的身边，都在关心我，再也没有人把关注点落到范勇身上。

"现在，得想办法带着范勇离开教室。"我思忖。我无力地摆摆手说："同学们不要担心，桂老师可能是今天吃坏了肚子，有点闹肠炎，哎哟哎哟，我得去办公室拿药。"我招招手，"班长——快点过来。"班长连忙跑到我的身边，我嘱咐他组织同学们听写，他点点头。

安排好教室里的工作，我又对着范勇招手，"范勇——小范勇，你快点过来，你的妈妈是医生，你快点把我扶到办公室去，给妈妈打个电话，指导我吃什么药，好不好？"

范勇身子动了动，脸一下子就变成了红苹果，忸怩了半天，愣是没敢站起来。

我立刻提高嗓门："哎哟，疼死我了。"

这下，同学们不依了："范勇，你磨蹭什么？"

"范勇，你想疼死桂老师吗？"

范勇终于慢腾腾地站了起来，可走起路来极不自然。他刚挪到我的面前，那股异味便直冲鼻子，我确信自己的猜想是对的。

我一把抓住他的手："你这个白眼狼，你快点，桂老师都要疼死了。"小范勇为难地说："我……"我立马抢过他的话茬："我知道！你妈妈今天当班。"我担心他说出别的话。说完，我故意趴在他的肩膀上，一走出教室，我就"哐当"一声立刻将教室门关上，这时，不知是我拽着范勇，还是范勇拽着我，两人往厕所冲去。

119

"是不是大便拉到裤子里了?"

他点头。

我扒他的裤子,没想到,这个小家伙小小年纪却死活不依,紧紧地扯着腰部不松手。我庆幸自己刚才没有揭穿他,依他的个性决计抵死不认账,那岂不是好心办坏事?我贴着他的耳朵根说:"怎么,还怕我看到了你的屁股?""你是女生。""你妈也是女生。桂老师和你妈妈没什么两样。你看,现在厕所里就我们俩,你不弄干净,一会儿同学们就发现了。"

"我……我……我怕臭你。"

"不洗干净不是更臭桂老师!快松手!"

他松开了手。可等我把他的裤子脱下来一看,这家伙,大便糊了一裤子。我捏着鼻子开玩笑地逗他:"乖乖,消化功能真好呀。"

他连忙用手捂着我的眼睛:"桂老师,别看。"

"不看怎么脱呢?"我掰开他的手,麻利地帮他把内裤脱下来,扔到了厕所的垃圾桶里,将卫生纸打湿了帮他擦拭干净。我看看外裤,幸好还算干净。

"你别急,等着桂老师,我到大队辅导员那里去找条干净的裤子。"

刚准备出门,就听到门口有跑步声传来,小范勇很敏感,一下子就慌了神。

"桂老师。"范勇抓起裤子要穿上,我连忙将他抱进厕所的最里间,做了一个禁声的手势,嘱咐他赶紧插上小栓,不出声。

"桂老师,快去快回呀。"小范勇无助地说道。

安顿好了范勇,我从容地走出男厕所。高年级的几个小伙子正迎面走来,笑嘻嘻地看了我两眼,其中一个调皮地问我:"桂老师,您是不是走错门了?"

"桂老师没老到这个地步,我们班同学吐了,搞得你们男厕所的最里间有异味，我来洗洗。这不，找工具去！"我镇定自若地回答。

找到一条干净的小内裤，我就回来了，我轻轻地把裤子给范勇穿上。

"外面的裤子不能换啊。换了，那同学们不就发现了？"范勇说道。

"嗯，小机灵鬼，跟我想到一块儿去了。"我一边说，一边用纸巾把外裤脏污处擦拭干净，给他套上。衣服整理好，手洗干净。范勇释然了，高高兴兴地拉着我的手，大大方方地进了教室。

一进教室，全班同学都用诧异的眼光看着我，"桂老师，你没事啦？"

"桂老师，你刚才疼得那么厉害，这么快就好了？"小机灵鬼王炎一副怀疑的口气对我说。

"没什么大碍了，桂老师的病就是来得快去得也快，不疼了。"我瞥了瞥范勇，"桂老师还要谢谢范勇的妈妈，用电话遥控桂老师吃药，让我药到病除。也要谢谢你，照顾我哦，"我拍拍范勇的小脑袋，"快回座位去，我们上课了。"同学们叽叽喳喳的议论声，让范勇有些不好意思，耷拉着脑袋，我忙说："你们看，范乖乖还不好意思呢。"此时听我这么一说，范勇连忙回到位置上坐好，抬起头来，脸上终于有了笑容。

"小犟驴"从那之后就变成了我的"小尾巴"，一见到我，就挨着我，有时候我改本子，他就一直站在我的身边，陪着我。有老师开玩笑说："桂老师没有儿子，她最喜欢儿子了，你给桂老师做儿子好不好？"

"不！"小家伙嘴里说不，身子却在我的胳膊上蹭来蹭去，我俩心里都明白，小范勇喜欢桂老师，桂老师喜欢小范勇。

很多老师不太喜欢个性很强的孩子，觉得他们桀骜不驯，难以管教。有的老师甚至采取过激的教育行为，通过一系列惩罚措施以达到驯服、控制孩子的目的。实际上，每个孩子强势的心理背后都有脆弱的一面。当我们守护孩子脆弱的自尊心时，他们会更加依赖老师，接受老师的帮助，从而更加理性地认识自己、对待他人。

桂老师心语：

　　有这样一个寓言故事：一位农夫有两只水桶，他每天就用一根扁担挑着两只水桶去河边打水。两只水桶中有一只有一道裂缝，因此每次到家时这只水桶总是会漏得只剩下半桶水，而另一只桶却总是满满的。就这样，两年以来，日复一日，农夫每天只能从河里挑回一桶半水。于是，那只完整无缺的桶很为自己的完美无缺得意非凡，而有裂缝的那只桶自然为自己的缺陷和不能胜任工作而羞愧。经过两年的失败之后，有一天在河边，那只有裂缝的桶终于鼓起勇气向主人开了口："我觉得很惭愧，因为我这边有裂缝，一路上漏水，只能装半桶水到家。"农夫微微一笑回答它说："你注意到了吗？在你那一侧的路沿上开满了花，而另外的一侧却没有花？我从一开始就知道你有裂缝，于是在你的那一侧的路沿上，撒了花籽。我们每天挑水回家的路上，你就给它们浇水。两年了，我经常从这路边采摘鲜花来装扮我的餐桌。如果不是因为你的所谓的缺陷，我怎么会有美丽的鲜花装扮我的家呢？"听了农夫的话，那只有裂缝的水桶恍然大悟！原来，农夫是从另外一个角度去发掘自己的作用啊！

　　在平时的教育教学工作中，我们是否也像那位农夫一样懂得从另一个角度去发现每一个孩子身上的长处，从而找到打开学生心灵大门的"金钥匙"，让每一个孩子都能找到自己的幸福之门，快乐地成长在充满阳光的教育中，自信地走向未来呢？

　　教育之美就在于百花齐放，百家争鸣。因此，在我的班集体里，对于个性鲜明的学生，我不压制，不排挤，不把他们当作"另类"看待，而是竭诚尊重他们，使他们在民主、和谐、融洽的氛围中放飞个性，自由成长。

第九章 普通生,爱在指引

桂老师手记

在一个班级里,"两头"的学生往往容易引发教师关注,成绩优异、头脑聪慧、反应敏捷的学优生自然能吸引老师的目光,而学习成绩薄弱、行为习惯欠佳的孩子则因为屡屡制造麻烦,让老师不想关注也难。那么,中间的学习成绩、行为表现一般的普通生就成了"灰色地带""被遗忘的角落",常常被老师忽略。实际上,普通生在班上人数最多,一般占全班人数的60%~70%,力量最强。因此,"抓两头、促中间"的班级管理策略是很多教育工作者在长期的工作中总结出来的金玉良言。但是,对于中间如何"促",在实际工作中却出现了偏差,把"促"变成了放弃和视而不见。如何让每一颗金子都在班级里闪光,让普通生变得不普通,需要教师正确的指引。

指引意味着让孩子发现自身的特点和长处,激发孩子的主观能动性,让他们在自己的优势领域里获得满足感,体会到自身价值,从而促进各方面的全面发展。"在传统的学校里,教育的全部意义可能就是教给学生知识,当然,往好的方面延伸一些,可能还培养学生的能力。可是,如果我们从教育的终极目标来看,却应该是通过挖掘他们的潜能,培育他们的人性,不断推进孩子们的社会化,让他们走向成熟,学会生存。"(李希贵语)

试卷大狂欢

每次考试完，老师照例要分发试卷，这是学习生活中一件很平常的事情。老师站在讲台上手拿一张张考卷高声念分，同学们纷纷上台拿走自己的考卷。于是乎，考得好的暗暗自得，考得差的垂头丧气。当然，有的老师顾念到学困生的"颜面"，有时采取不念分的方法，悄悄把试卷发下去，但又担心很难激励同学们的上进心。我在日常教学工作中寻求突破，打破常规，自创了一个"试卷大狂欢"的有趣活动，让"发试卷"成为表扬学优生、激励学困生的有效手段。这个活动每个月不定期举办一次，因为不定期，往往出乎孩子们的预料，这让同学们都充满了期待，也创造了许多惊喜。

这个活动操作起来十分简单：60分、70分、80分的试卷事先都发给学生，以保护学困生的自尊心，而90分以上的试卷暂时不发。自然，一上课，有的同学们就忍不住问："桂老师，我的试卷呢？"

"桂老师，我和我同桌都没有试卷。""桂老师，是不是我们的试卷没改呀？"孩子们一个个七嘴八舌。

我看时机成熟，便说道："桂老师马上给你们。你们准备好啊。"说完，我把90分以上的试卷每一张都揉成"菜团子"一般，在孩子们惊讶的目光中把"试卷菜团子"一个个往下扔，"拿去吧，拿去吧。"

可想而知，这些没有试卷的孩子都纷纷涌到讲台前面，争先恐后地抢自己的试卷。王燕捡到一个"菜团子",打开一看不是自己的,"邓哲魁,你的试卷在我手上,98分,拿去吧。"还有的同学拿着一个"菜团子",一看是别人的,就把"菜团子"一把扔了过去,说:"刘昌瑜,你接着。"刘昌瑜接到打开一看,"哇! 93分。"

孩子们你找我的,我找你的,一边找一边高声念着分数,互相丢掷着"试卷菜团",等他们走回自己座位的时候,一个个脸上得意洋洋,满是欢喜,不亦乐乎。发试卷成了"抢试卷大战"。当然,这个时候要想上课已是不行了,不过也不用上课了,孩子们叽叽喳喳,你看看我的卷子,我瞅瞅你的卷子,尽情地感受着成功的快乐。当然,此时,那些成绩没有得90分以上的孩子有些坐不住了,眼里流露出对参加试卷大狂欢的孩子们的羡慕之情,一个个按捺不住,恨不得自己也是其中的一员。我的目的已经达到了——下一次,为了争取这一张90分的"试卷大狂欢"门票,为了有幸加入这样的游戏,他一定会倍加努力。

我们班的牛鹏就是这样的孩子。那天"试卷大狂欢",牛鹏没有机会参加,他眼巴巴地看着周围的同学嬉笑打闹,心里憋足了气。第二天早晨交来的日记,最后一句话是这样写的:"昨天晚上在饭桌上,我跟爸爸妈妈讲了菜团子事件和疯狂的桂老师的举动以后,妈妈说,你要加油。爸爸说,'我读书的时候怎么没有遇到这样疯狂的桂老师,要知道,我那时候常常考90分以上。啊,我怎么没有这么幸运?'我,牛鹏,把碗一放,说道:'这辈子,我要不在桂老师的手上,到讲台前面找一回我的菜团子试卷,我就不是牛鹏,那我就真是羊圈了。'"我读完以后忍俊不禁。我把牛鹏的日记在班上贴出来,事后,同学们都开玩笑叫他"羊圈",但他之后真的经常考90分以上了。

之后,我把试卷大狂欢延伸到80~90分的试卷,"引诱"更多的普通生体会抢"菜团子"的快乐。渐渐地,他们的分数也开始向90分冲刺。

也许，这就是我所带的班级成绩优异的秘诀——抓住了大多数的普通生，让他们体验到获得成功的快乐。很多孩子告诉我，每当他们把桂老师的疯狂举动告诉家里人时，大家都乐得开怀大笑。"疯子桂老师"成了我的另一个别称。但那又有什么关系呢，老师呀，不要把自己的架子搭得很高，让孩子们望而生畏，时不时用些孩子的方式，拉拉钩呀，抢试卷，疯一疯，闹一闹，跟孩子们打成一片，这样看起来疯狂幼稚的行为反而会拉拢老师和孩子的距离，孩子们会知道，你才是他们的伙伴，你才是他们的忘年交，他会信任你，爱你，真心地和你亲近。正所谓："亲其师，信其道；信其道，方能循其步。"

有温度的评语

几年前，我们学校派了几位老师和领导到青岛的几所小学考察，他们带回了许多先进的教学思想和教学理念，其中一条便是写评语的艺术。青岛的老师用第二人称的写作手法给学生写评语，就像老师在和孩子面对面说话，娓娓而谈，拉近和学生的距离，让人倍感亲切。考察团的陈老师一返校就跑到办公室笑着对我说："桂老师，真是英雄所见略同呀！青岛老师的评语写法跟你的写法真是一模一样。"

说到我的别具一格的写评语风格还要追溯到1981年。那时，我刚从师范学校毕业，被分配到洪山区九峰乡何刘村何刘小学。这是一个村办小学，孩子都是农村孩子，而除了一位近60岁的老校长、一位数学老师和我之外，其他老师都是民办教师。当时，我教五年级毕业班（五年制），全班只有27个学生，期末，我却花了好几个晚上，才写完这27个孩子的评语。那时，老师们都喜欢这样写评语：该生品德优秀，尊敬师长，团结同学，遵守纪律，礼貌待人云云。这样教条化的评语几乎是放之四海而皆准，老师们写起来也得心应手。当我拿着自己精心写完的评语给老校长检查时，没想到，老校长扶着老花镜看了半天，说了这样一句："这是你写的评语？怎么跟别人不一样，有的开头像日本人说话的口气？"我忙拿过来一看，原来，老校长翻到的那一页，正是我给学生李幸子写的评语："幸子同学，你仿佛一棵默默无闻的小草，虽然不显眼，但装点了班级这块园地。看，班上的课桌椅不整齐了，你悄悄摆正；同学本子忘带了，你悄悄地从书包里拿出一本又悄悄地递给他；老师嗓子嘶哑了，你悄悄地将胖大海放到老师的办公桌上……你真是个好学生，我代表全班同学对你这种爱护集体、关心老师、帮助同学的好思想表示衷心的感谢！另外，我发现你特喜欢骑在牛背上看书，这既不安全，又影响视力，可不好！你可要改改哟！"没想到的是，被老校长称为"日本人口气"的评语竟然大受孩子们的欢迎，同学们拿到鉴定书一个个高兴得手舞足蹈，你读读我的，我读读你的，幸子更是拿着成绩单就往家里冲。幸子的家长告诉我："这是孩子读了五年书第一次自己主动把成绩单给我们家长看，以前可是要都要不来呀！"

　　尝到了甜头后，这样的评语写作方式伴随了我许多个年头。我觉得好的评语是有魅力的，它一定是孩子平时生活的刻画，是自我的再现，是绝对的"私人订制"；好的评语是有温度的，读起来要有亲切感，既有对孩子日常行为的赞赏，还应该对他的不足提出鼓励和殷切希望。评语的魅力在于唤醒。唤醒孩子改正缺点的勇气，唤醒孩子积极向上的信心。在我的班级里，每个孩子的评语各不相同，每一学期的评语也绝不重复。这样的评语就如同一份总结，没有含糊其辞的套话、空话，而是真实、贴切、详细地为孩子的学习生活做一个细致的梳理、点评。当然，点评不可能面面俱到，而是抓住孩子当下的特点。对于孩子的优点，我会不遗余力地赞扬，尽可能地囊括，而对于孩子的不足，我只会抓住主要的一点，言辞恳切地叮嘱。这样的评语就如同一场心灵的对话，引导学生认识自己，促进了孩子对自我的认知，让他们更清晰地明确自己的优势和差距，为他们今后长足的发展指明了方向。

　　直到现在，沈康康同学依旧记得我写给他的第一份评语："康康，你的作文是我们全班师生最好的精神食粮，你的课堂发言给伙伴们耳目一新的感觉,你关心集体的清洁卫生和礼貌待人的言行给同学们树立了榜样。如果在写作业时,你能特别注意汉字书写和数学计算的态度就更好了!你是个聪明求上进的孩子,相信你会明白老师这番话的含义。最后特别提醒你,寒冬将至,不要随意脱掉外衣。这学期你感冒了三次,看见你吃药吃亏的苦相,桂老师想起来就心疼!要知道,你比我更明白爸妈为你起名'康康'的用意。桂老师衷心地希望你的学习、身体像你的名字一样健康向上!爱你的桂老师。"

那天,拿到学生鉴定手册,康康从学校一直乐到爸爸的单位,一路上忍不住看了好几遍。康康爸爸也是如此,把鉴定读了好几遍,激动得把儿子的鉴定拿给单位的同事看,大家都纷纷赞扬康康。有的说:"康康,你们老师一定很喜欢你。"有的说:"康康,你的老师真好!什么时候让我们见见你的这位桂老师!"

后来,康康的爸爸打电话给我:"桂老师,我和康康的妈妈都爱你,我们全家都爱你。"

"怎么了?"我被康康的爸爸如此热情洋溢的话蒙住了。

他告诉我:"桂老师,我和康康妈妈两个人把你写的鉴定反复读了四五遍,我们都觉得读不厌听不厌。我还找了小区其他几个孩子,也把他们的鉴定拿来看,我发现你和其他老师不同,你不是只对那些优秀生爱护有加,而是关心每个孩子。我们康康在班级里并不起眼,只是一个很普通的孩子。但读完你写的鉴定,我们真的感受到你对孩子细致的关心。与其说你写的是一份评语,不如说是你写给学生的一封家信!字里行间表达了你对康康的鼓励、提醒和关怀,这是我这么多年看到的唯一一份最真诚、最暖人的学生鉴定。我对儿子说:你有一个这么好的老师,可不要辜负她呀!"

康康果然没有辜负我的期望。时隔多年,如今在国外留学的康康还时常给我来信。他在信中这样写道:"我的好老师啊,春蚕吐丝耗的是生命,可教海茫茫要的是身体。衷心地祝您身体安康,我们在异国他乡也就安心了!"每每读到这些不似亲情但胜似亲情的书信,我的内心激动万分。是不是这样的评语诱发了康康不断向上的动力和学习的激情呢?我无从得知,但我知道,当一个普通生看到这样的评语时,他能感受到老师对他的特别关注,因为老师的认可,他会更清晰地强化自己的优点,因为老师的关心,他会改善自己的行为,从而日臻完美。这就是好评语的魅力和力量吧。

桂老师心语：

我们知道，学生从内心生发出来的想法更易被他自己接纳，并一以贯之地执行。对于普通生来说，因为他们的学业和表现往往位居中游，赞扬的话语显得太过于做作，指责和批评又过于严苛，所以老师的引导和鼓励非常重要。请注意，赞扬和鼓励是有区别的，《正面管教》一书中有专门的阐释。前者只针对事情完美的结果，其目的是利用评价操控孩子，最终让孩子依赖于得到他人的认可；而后者则针对孩子的行为本身，承认孩子的努力，用尊重、欣赏的态度促进孩子的自我评价。正如李希贵所说："如果每名学生都能在老师、家长甚至同伴的帮助指点下不断去追问自我、发现自我，他就会逐步明确自己的定位，弄清自己的发展需求。"

有的孩子在画画方面颇有天赋，老师鼓励他们帮助班级办板报，张贴宣传栏，让孩子在为集体服务中体会到自我的价值感；有的孩子体育方面拔尖，那么运动会一定要给他提供展示的舞台。2010年，北京十一学校全面实施走班上课，每一个学生根据自己的兴趣爱好或生涯规划进行选择。这样的一个改变，带来了许多意想不到的效果。在开设学生可以自主选择的艺术课程之后，一位家长激动地告诉李希贵校长："孩子发生了巨大变化，每天晚上十点多了还在自己房间里大声诵读。他主演的是话剧《雷雨》里的周萍，大段大段的台词，背得熟练又充满激情。但在过去，逼他背一些诗词歌赋，都比登天还难。"这是尊重学生选择带来的结果。

在我们班，每次运动会结束以后，我都会在班级举行一个盛大的颁奖典礼，我要给每一个参与的孩子戴上大红花，颁发奖状，将他们运动会上的风采张贴在班级宣传栏上，全班同学一起鼓掌，整个班级成了欢乐的海洋，掌声的天地。这样高调的颁奖典礼就是让普通的孩子能有一个机会站上班级的领奖台，获得同伴的喝彩，感受到成功的愉悦感。有的孩子即使只获取了团体奖，有的孩子即使没有获奖，也因为有这样的机会从而体会到：只要有付出就会有收获。原来我也能为班级服务，我也能为班级做贡献。

第十章
自卑生，爱在补偿

桂老师手记

当一个人发现自己的缺点的时候，会自然而然产生一定的自卑心理，有的人会因此不停地去寻找，结果自己的缺点越找越多，自卑感就越来越强烈，甚至到了怀疑自己不能自拔的地步；而有的人却能理性分析自己的缺点，把自己的缺点分步骤进行完善，继而发扬优点，让自己光芒四射。面对陷入自卑，暂时没有找到解决方法的孩子，老师的关爱要像阳光一样洒进他们心里，驱散他们心中的阴霾。

仔细观察，我们的身边常常有这样一些孩子：与同伴相处时缺乏自信；遇到事情畏首畏尾；凡事没有主见，随声附和；一犯错，就开始自责，有时稀里糊涂做冤大头……这就是自卑心在作祟，在发现自己不如人的时候，会不由自主地表现出害羞、不安、内疚、忧郁、失望等反应。

细细分析，自卑心理并非天生，它一般是在遭受挫折后出现，形成的原因复杂。有家庭原因，包括以下三种：一是家庭离异。由于父母离异而造成家庭破裂，一些孩子失去了家庭温暖和家庭教育，心灵的创伤、感情的失落使不少孩子渐渐产生自卑心理；二是家庭贫困。虽然小学生年龄小，但已经初步形成了金钱观念，看到同龄的孩子过着优越的生活，而自己戴着"贫困户"的帽子，有时还要接受救济，心里难免自卑；三是从农村到城市的转校生。这类孩子的父母多是进城务工人员，工作流动性大，孩子跟着父母没有稳定的家，父母因为工作原因不能给予陪伴和家庭教育，再加上城乡差距大，孩子的心里没有安全感，也容易产生自卑心理。

也有学校方面的原因，包括教师的歧视和同学的排斥。有些孩子因为成绩不好，而被老师冷落、嘲笑，这种歧视导致学生丧失了自信和自尊。现在很多学校会分设快班、慢班、奥数班等，用分数将学生分成"三六九等"。有的父母通过各种关系把孩子塞进快班，但是孩子的成绩明显跟不上，孩子会一直处于挫败之中，而班上的同学也会对他另眼相待，孩子被排斥在集体之外。

还有自身身体残疾、容貌不够漂亮、身材矮胖、智能低于同龄人等个人因素……

对于自卑生，教师需要觉察他的情绪，挖掘这种情绪的根源，以同情的态度和孩子建立友好的关系，在孩子学习生活的方方面面，多元地、多层次地、多方面地加以细心呵护。教师还可以发挥集体和同伴的作用，教师有意识地、不露痕迹地让他和班上脾气比较好、温和善良、待人和气的孩子做朋友。比如在安排座位的时候，这些孩子的前后座就不要安排那些说话大大咧咧、霸道、咄咄逼人的学生。最重要的是通过对孩子良好行为的认可，补偿情感的缺失，增强孩子的自信心，培养孩子的独立性，直到他可以开朗地和同学们交流、游戏、来往，逐渐可以和正常孩子打成一片。

曾经，我也很自卑

记得我刚从乡村小学调到城里的小学的时候，我几乎不和身边的老师说话。虽然我是以先进教师的身份调到城里的，但是荣誉并没有给我多大力量，我始终觉得自己穿着打扮土气，跟衣着光鲜的同事一比，一看就是从农村出来的，底气不足。

我的这种负面情绪也间接影响了我的女儿，她跟我一起转到新学校。在学校里她不敢大声说话，纵使有人问她话，也是怯生生的，脸蛋一下就绯红绯红；课间到我办公室也是静悄悄的，生怕惊扰到别人；有时做完作业，我让她到楼下去和小伙伴玩一会儿，她说她不敢，别的孩子都不和她玩，她也不知道该怎么和城里的孩子交流。

我和孩子的种种不适应被我的先生看在眼里。他安慰我："人与人之间，你要想别人尊重你，首先你得尊重别人。如果你主动跟办公室里的老师打招呼，人家自然也会回应你；你也可以买一些水果，笑着调侃，'老师们，这是我的一点心意，我入伙了！'难道不行吗？"我一想，的确，这是个好办法，送的东西不贵，但多少是个心意，想和同事打成一片，起码态度要主动。第二天，我便买了水果，和办公室的老师们一起分享，大家也笑呵呵地吃了，闲聊了几句。但过了几天，那种尴尬的状态又回来了，大家似乎还是不怎么搭理我，热热闹闹地聊他们的话题，而我插不上嘴，就更加觉得自己见识浅薄，和她们不是一路人。这个状况一直持续了大约半个学期，后来我才知道，这是自卑心理在作怪。

正如阿德勒所说："过度、反常的自卑感迫切需要得到容易的补偿和似是而非的满足，但它同时又堵死了通往成功的道路，因为过度的自卑感夸大了遇到的困难和削弱了自己的勇气。"过去的我正是这样，既极度渴望融入新的团体，又胆怯地不敢与他们交往。自卑生也是这种心理，一方面迫切需要得到认可，而另一方面又觉得自己不如他人，不愿意把自己的心里话告诉别人，甚至不会轻易向父母吐露。他们的这种情绪很难发泄，所以总是压抑自己，显得很孤僻，对自己的自信心不足，往往与成功失之交臂。

乖乖，我想认识你

我的徒弟小张老师告诉我，他班上有个男孩，入学已经三个多月了，却从没看到他说话，总是自己一个人在角落里抠手，老师跟他说话，他的回答只有一个字："嗯。"我听了之后，心里很难受，凭我的经验，这应该是一个自卑情结很强烈的孩子，想去见见他。

下课时，小张老师把这个孩子领进了办公室。小小的个子，单薄的身子，头埋得低低的，一副怯懦的样子，畏畏缩缩地躲在小张老师身后。

我立马走过去，拉住了他的小手，"乖乖，你好，我姓桂，你可以叫我桂老师。"

孩子只是把头低着，一声不吭。

我继续鼓励他："乖乖，我很想认识你，也很想认识你们班的同学。小张老师经常夸你们很棒。今天我先从你开始，先认识你，然后想请你当小导游，带着我去你的班里参观参观，并带我认识认识你的同桌，以及你的小伙伴们，好吗？"

小男孩的头依旧没有抬起来。

小张老师在一旁说道："桂老师是我们学校的特级老师，她可厉害了，她带的班的孩子都特别喜欢她，不爱说话的孩子都变得爱说话了，特别快乐，而且一个个都成绩优异。是不是特别神奇？你想不想认识这样的老师啊？"

不知道是这个孩子听懂了小张老师的话觉得好奇，还是他觉得我握着他的手让他感觉亲切，他把头微微抬了起来，瞅了我一眼。

我立刻赞扬他："哇！好浓的眉毛呀！好大的眼睛呀！你看桂老师的眉毛眼睛都比不上你。"

这么一说，他又把头抬高了一点。

"哇，原来长得这么周正，你比周杰伦还要帅气呢。"

"周杰伦？我喜欢周杰伦的《双节棍》。"小男孩开口说话了。

"我也喜欢周杰伦的《双节棍》。耶！双节棍，双节棍……看来我们爱好相同，"我接着说道，"你想不想到桂老师的办公室做客？那可是桂老师的秘密基地哦。"

他点了点头。

"桂老师喜欢说话的小朋友。你想不想跟桂老师说话？"我轻声地继续鼓舞他。

"想。"

"走吧。牵着桂老师的手，到我的办公室去。"他立马牵起我的手，跟着我一步不离地来到了我的办公室。

办公室里只有我们两个人，我说："乖乖，你想喝水吗？"

"不想。"

"想吃点水果吗？"

"有什么水果？"

"我这里有梨子、苹果、香蕉。"

"想要香蕉。"

"好，"我给了他一根香蕉，"桂老师帮你剥，还是自己剥？"

"我自己来。"

"好极了。那里有一张矮一点的凳子，你自己找一找，矮凳子和高凳子，矮凳子谁坐，高凳子谁坐？"

他很聪明地把两张凳子搬到一起，然后自己选择了矮凳子，并在高凳子上拍了拍，示意让我坐。

我夸他很懂事，并进一步鼓励他："乖乖，想不想跟桂老师介绍一下爸爸妈妈？"

"好。"小男孩同意了。

小男孩的同意并不出乎我的意料，在我和小男孩最初的交往中，看起来是琐碎的日常生活的谈话，但我始终把主动选择权交给他，始终不断重复对他的认可，这样的方式让这个自卑的男孩感觉到从未有过的重视，受到肯定，就像阿德勒说的，他迫切的需要得到补偿和满足感，所以自然而然地向我打开了心门。

小男孩委屈地告诉我："我不想妈妈上班，我想一直和妈妈在一起。在幼儿园的时候，我想什么时候回去都可以，电话一打，妈妈就来了，但现在这里的张老师不给我电话，我很想妈妈。"我明白了，他的自卑源于分离的焦虑。

"你知道吗，你的妈妈跟你一样，她也很想你。可是她的领导也不让她在上班时间给你打电话，就跟张老师的要求一样。其实，想妈妈的不止你一个，你的同桌也跟你一样天天想妈妈吗？"我理解小男孩的情绪，并暗示他这样的情绪体验其他人也有，这样他就会感到自己被别人接纳。

我拉着他的小手轻轻地揉搓着，"我知道你每天都想妈妈，但我还知道你每天都会好好学习，努力记好写好 a，o，e，写好了，张老师就会说，'哇，你看你写得这么好，今天下班我要跟你妈妈打电话，我会跟她说你写得最棒！'你好好写，家长会时，张老师就会把你妈妈和你请到讲台上，给你和妈妈都戴大红花。"我微笑地告诉他。

"真的吗？"小男孩半信半疑，"我们班写得好的刘毅，他也没有被请到讲台上。"

"那不是家长会还没到吗。"

"那还有多长时间?"

"一个月。"

"可我前面的作业都没做。"男孩为难地说。

"我们从今天开始,好不好?"

"可同学们都得了甲+、甲,我连乙都没有得过。"小男孩还是顾虑重重。

"没关系,你有不懂的就到桂老师这里来,我来教你。我还要给你的妈妈打电话,让她在家里给你加油,然后再告诉张老师,让他在课堂上给你加油。你相信桂老师吗?"

男孩犹豫了一下,点点头。

我给他一个大大的拥抱,"这就对了,那现在我们回班上去,开始做作业,好不好?"

"好!"

第一天的谈话相当顺利。当然,我并没有期待一次谈话就能让这个孩子有明显的转变,在我看来,孩子自卑情结的深层原因还是来源于家庭,源自父母的教养方式。果不其然,两周后,小张老师又来找我了。这次,我联系了小男孩的母亲。没想到,孩子的妈妈竟然不以为然:"没什么,桂老师,他还小,才6岁,一年级不做作业是很正常的,长大后估计就好了。我同事的孩子比他还严重呢!再说,我和他爸也沟通过了,实在不行,就复读一年呗。"我说道:"这是万万不行的,孩子本来就有严重的自卑情结,他再读个一年级,如果成绩还没有起色,又是班上年纪最大的孩子,那他就更容易成为其他同学嘲笑的话柄,那你的孩子的自卑心理就更严重了,后果不堪设想。"

我告诉小男孩的妈妈，有什么情况就给我或者给小张老师打电话，她却推托道："你太好了，桂老师，但是我没有电话。"我知道她不想让我介入太多，长期形成的家庭教养方式是很难立即转变的，但是老师应尽可能地为孩子创造一个疏通心灵的渠道，不能因为父母的不配合而放弃教育的机会。

那天之后，我和小张老师一起，一有空就和孩子交流，发掘他的优点，肯定他的进步，鼓励他跟其他小朋友一起交朋友，牵着他和同学们一起做游戏。在老师的关心下，在集体的温暖中，他渐渐有了一些起色。

每次放学，小男孩都要到我的办公室跟我道别："桂老师，再见！"

我常问他："回去做作业？"

"在学校已经做完了，回去读书。"

"太好了！妈妈来接你吗？"

"今天奶奶接，明天妈妈接。"

"愿意奶奶来接吗？"

"愿意！我跟妈妈拉了勾的，家里谁来接都代表妈妈来接。"

"好极了，乖乖，真不错！"

孩子有了很大的改观，孩子的妈妈也转变了态度，她特地打电话给我赔礼道歉，说起那次的失礼，"桂老师，对不起，因为你不是我儿子的班主任，所以我不太愿意把电话号码给陌生人。但没想到，你对我的孩子那么用心。"于是，我趁机建议孩子的妈妈在家里多观察他，多陪伴他，不能因为工作而忽略了对儿子的关心，让孩子在情感上感到失落。周末带他到小朋友多的地方玩，让他学会和同龄人交朋友。每天，利用吃饭的时间和他多交流，说说班里发生的有趣的事情，了解孩子的内心动向，而不是任由他往嘴里扒饭，吃饱了就猛看电视。孩子的妈妈愣住了，"桂老师，你怎么知道，他在家里就是这样的。这回，我一定听你的。"得到了妈妈的支持，孩子进步很快，以前的阴霾一扫而光，小男孩阳光了许多。

有时放学了，我把孩子送到校门口，他的妈妈老远就跟我笑，有时挽着我的胳膊，有时拉着我的手，感激之情溢于言表："谢谢你，桂老师。"我告诉她："孩子有这么大的进步，你的作用最大，因为你是妈妈，是孩子最亲近的人，我和小张老师只是给你提了点建议。当全职妈妈不容易，但希望你能坚持，有耐心。"我开玩笑逗她："我的妈妈一辈子想要儿子，但生了四个女儿，我生的也是姑娘，你生了这么好个儿子，我都想让你过继给我了，舍得吗？"她连忙说："不舍得啊！"我们都笑了。

这件事情对小张老师也有很大的启发。他说："桂老师，说句真心话，我在您身上学到的，不仅是爱孩子，更重要的是如何去爱。"听了小张老师的话，我十分欣慰。是的，很多年轻老师在教育工作中都空有一番热情，缺乏正确的方式方法。对于自卑生来说，他们会不断强调自己的劣势，就像上文中的小男孩，他常常会担忧地问我："要是我的学习赶不上怎么办？""要是我的作业没有得甲+怎么办？""万一家长会上我得不到大红花怎么办？"这都是极强的自卑情结在作怪。每到这时，我就安慰他："你不知道，桂老师小时候也是这样。有的时候作业也做得不好，有的时候成绩也跟不上其他同学，所以张老师才让我和你做朋友。因为我小时候和你一样，我了解你，我们才可以做朋友。"孩子听了这番话，眼睛一亮，一下子扑到我怀里。读懂孩子的情绪，当孩子所体验到的消极情绪能够被你捕捉，当他听到你也曾经有过这样的体验时，孩子的心里会觉得安慰：连高高在上的老师都跟自己是一样的，他不是孤独的。你能理解他的感受，这样他非常容易接纳你，也非常容易采纳你的意见，被你唤醒。当负面的情绪得以消化、溶解，爱得到补偿，他内心的情感空间也逐渐扩大，这将促进孩子的精神整合，引导他继续向好的方面成长。

孩子，你的能力不容小看

我在快活林小学教书的时候，我们班转来一个叫莉莉的女生。她的妈妈不幸去世了，留下了她和两个弟弟。孩子的爸爸年纪轻轻，想再成个家，可能是因为一直没有找到满意的对象，女朋友换得很频繁。周围有一些关于她爸爸的风言风语，传到了这个原本性格内向、说话有点结巴的女生耳朵里，让她对自己的爸爸产生了很大的嫌隙。学校开家长会，孩子们看到自己的父母都欢欣鼓舞，唯独莉莉把她的爸爸朝厕所门口拉，不让她的爸爸和别的家长说话。她爸爸觉得奇怪："你怎么总把我拉到这边站着？"女孩只是说："你别到那……边去，你别和他……们在一起。"莉莉的爸爸不明白其中的缘由。直到有一天，女孩和父亲吵嘴时，她冲着爸爸冷不丁地吼了一句："你作为父亲，难道不……知道羞耻吗？你在外……面不检……点，还要和别的家长站……在一起，你知不知道别人是……怎么说……你的！"听到莉莉结结巴巴的话，看到莉莉因激动面红耳赤的样子，莉莉爸爸一下子愣住了，他没有想到，妻子去世后自己一个人辛辛苦苦带着三个孩子，女儿不但不感激，还这样指责他，他很伤心，第二天便到学校来找我。

一见到我，莉莉爸爸就向我倒苦水，"桂老师，我为什么一直没有找到合适的对象，还不是因为想找一个对他们三个孩子好的，我这还不是为了孩子着想。莉莉不支持不理解就算了，竟然还说出这样的话。"

我十分理解莉莉爸爸的苦处，我问他："你有没有和孩子商量给他们找后妈的事呢？"

莉莉爸爸摇摇头，"他们还是孩子，什么都不懂。"

孩子就是孩子，什么也不懂。莉莉爸爸的话中暴露出了他一贯的教育方式，家长很多时候往往用经验主义来教育孩子，而忽略了孩子随着年龄的增长而引发的思维和心理的改变。我谈了我的看法："莉莉爸爸，关于你的个人问题，我们做老师的没资格掺和，但是我想给你提个建议，你女儿是大姑娘了，她也是家庭的一员，你可以开诚布公地和她说说心里话，谈一谈你的想法，让你的女儿理解你，知道这是婚姻大事，应该要慎重选择。别人有误会，也没有办法，但你要把事实告诉女儿，免得她身上背那么重的包袱，让她有自卑感，不快乐。我相信你看到女儿这个样子心里也是疼的。"莉莉爸爸眼睛红了。

我告诉莉莉爸爸："莉莉在说话方面有些问题，而且一直很难克服，这是自卑心理造成的。她原本就勇气不足，而她的缺陷让她更灰心丧气，这就是一种恶性循环。她有时对你的尖酸刻薄也是因为她害怕被别人讥笑。你要多体谅孩子。"

莉莉的爸爸恍然大悟，对女儿的行为表示了理解。他告诉我："桂老师，她小时候说话就有些结巴，性格也很内向，但我没有足够重视。您看，我应该怎么做呢？"

"我希望你能和孩子好好谈谈，把她当成一个大人看待，让她知道爸爸关心她。另外，你还要多注重孩子的仪容仪表。有几次她到我办公室来，我看见她皱巴巴的衣服，心里很不是滋味。她是个大姑娘了，你在这方面要多为她考虑考虑。当然我也可以帮帮忙。"

这一番谈话之后，莉莉的爸爸打破了自己以往的惯性思维，教育方式有很大的改观，对女儿的关心也多了。

没妈的孩子像根草，莉莉的爸爸照顾三个孩子还是有些吃力，我一有空便充当着母亲的角色，补偿莉莉母爱的匮乏，教孩子一些生活的小常识。有一次，我送给莉莉10个衣架，对她说："回家让爸爸钉根木条挂衣架，你把一家人第二天要穿的衣服挂起来，这样第二天就可以穿得整整齐齐了。这可是桂老师的生活小诀窍哦。"后来，我又送给她两瓶洗发水，告诉她："女孩要有女孩的样。头发要勤洗，要不然头发就会变得油腻，这样就不好梳辫子了。"

就这样，女孩的穿着打扮比原来逐渐整洁干净了。生活上的习惯容易改变，但内心的自卑情结的改善却犹如漫长的马拉松，需要付出足够的勇气和耐心。莉莉的结巴问题是我的心病，有时候一着急就结巴得更厉害，经常急得什么都说不出来，憋得面红耳赤。莉莉自小就有口吃的问题，这个自卑情结的源头是什么，我不得而知，也许是与生俱来的生理缺陷，也许是家庭环境让她觉得自己处于同龄人的劣势。事实并不重要，重要的是孩子对这件事情的看法。而长期以来，莉莉对自己在说话方面的看法是否定的，形成了这样的惯性思维：我表达上有欠缺，我不行。我想，只有让她对自己充满信心才可以逐渐克服心理上的阴影，从而减轻表达的障碍。所以，每一次和她谈话，我都静静地听着，鼓励她慢慢说，不着急，课堂发言时也时常会停下来，等待她慢慢地把话说完，并给予鼓励的话语和赞许的目光。

有一天，我在《青年文摘》上看到这样一则故事：有一个青年小时候是一个结巴，为了克服这个毛病，他在地下室里口含小石子，反复练习演说，最终成为世界著名的演说家。我把这篇文章剪下来郑重地送给了莉莉，让她好好读一读。

从这个故事里，莉莉得到了很大启发，她问我："桂老师，我也能够和他一样吗？"

"当然，只要你相信自己，慢慢来，肯定行。"我努力给她正面的鼓励，让她看到未来的希望。

随着惯性思维的打破，莉莉逐渐有了自信。到六年级时，莉莉的结巴问题已经缓解了很多，尽管她说得很慢，表达还不够流畅。我鼓励她努力保持说话的节奏和情绪，慢慢调节。

后来，莉莉考上重点中学，我担心她的自卑心理会让她不适应新学校新生活，她的口吃会影响上课发言、她和同学间的交往，于是，我以莉莉姑姑的名义悄悄见了她的中学班主任。当我把孩子小学时的情况告知班主任时，没想到，她的班主任却说："她只是说话慢了点，也算不上结巴。"听了这位班主任的话，我特别高兴，我知道莉莉遇到了另一位好老师。我对她说："请您多多鼓励她，医生说，她只要有信心，口吃的问题可以得到改善。她没有妈妈，我这个做姑姑的就是她的妈妈。有什么事情您给我打电话。"

后来，我以莉莉姑姑的名义，暗地里一直跟她的班主任保持联系。后来，莉莉可以正常说话了，毕业后顺利地参加工作、恋爱、结婚、生子，成为一个孩子的母亲。孩子一生下来，我去看她，她无比担忧地对我说："桂老师，幸亏当时有您帮助我，没有嫌弃我，我才可以慢慢地正常地说话。我现在最担心的就是我的女儿，希望她不是结巴。"

尽管这些年来莉莉改变很大，几乎与常人无异，但在她的潜意识里仍旧深埋着那颗自卑的种子，此时，面对刚出生的女儿，她的自卑情结又不由自主地冒出来，我知道，对于自小就生活在缺乏慈爱的环境中的孩子，要想改变自卑情结可谓困难重重。我理解莉莉，让她别这么想，"也许你的女儿将来可以靠嘴巴吃饭，当老师，当歌唱家，当播音员，当电视节目主持人呢！"

"桂老师，您不觉得这是痴心妄想吗？"

"孩子的未来是不可估量的。你要相信她,就像我相信你一样。"我努力打破莉莉对自己习惯性的怀疑态度,我希望她能够强大起来,改变她童年时期的心理地图。

等到她的女儿长大些,有一天,莉莉高兴地跟我说:"桂老师,您说得对,我要相信孩子。你听,我把孩子说话的整段录音都录下来了,她的声音又流畅又动听,一点都不结巴。"录音里,莉莉的孩子牙牙学语,声音真的就像百灵鸟在歌唱,又一个可爱的孩子将会快乐地成长,想到这里,我内心的激动之情无以言表。

也许,对于莉莉来说,我的一个善举、一份耐心,就拯救了她的童年,而这样的拯救,更长远的意义是让她不再将原生家庭里的自卑情结带到她的新家庭里。过去的痛苦和自卑不再延续,帮助每一个孩子,在他成为父母后间接地影响新的家庭,让爱的正能量得以延续,这不是教师更伟大的意义吗?

第十一章 单亲生,爱在守护

桂老师手记

随着离婚率的上升,很多孩子在童年时期便经历了家庭破裂带来的心理创伤。父亲、母亲、孩子的关系就像家庭里的三角支架,一旦某一方面缺失就会让原本稳固的家庭关系打破平衡。

一方面,面对父母的争执,孩子往往变成"出气筒""挡箭牌",或者成为抚养权争夺的对象。有的父母在离异后把对配偶的种种不满,类似"你爸爸不负责任""妈妈根本就不爱你"的偏激的言语一股脑地灌输给孩子。殊不知,孩子年龄较小,他们缺乏理性的分析,很难洞悉父母之间的是与非,这样的行为和言谈会让孩子在人际交往中产生负面的心理:脆弱,敏感,没有安全感,甚至敌视异性,这在无形中给孩子今后的婚姻关系埋下了一颗定时炸弹。在家庭解体后,有的父母为了弥补孩子,讨孩子欢心,双方争着满足孩子所有的要求,让孩子在父母情感的博弈中变得自私、贪婪,养成很多不好的习惯。还有的父母因为离婚后情感上的孤独、寂寞,则把孩子作为自己的精神寄托,将所有的期望转嫁给孩子,让孩子承受巨大的心理压力。

另一方面,面对家庭的变故,年幼的孩子往往缺乏必要的心理准备,因而他们所承受的打击和压力比成年人更大。他们会时常拿现在和过去作比较,尤其当他们看到周围健全的家庭,父母与子女和谐相处的画面时,他们会滋生羡慕、失落、自卑的心理,觉得自己不如别人，有的甚至会抱怨父母，仇恨父母，不愿意和父母沟通，情感上产生更大的罅隙，这些都不利于孩子的成长。

还有一种情况，有些家庭虽然父母并没有离异，但父亲长期在外，母亲一个人在家带孩子，这样的父亲缺位现象也不在少数。这种形同虚设的父子关系也容易造成孩子与父亲亲密关系的脱节。

当然，还有的家庭某一方因为疾病、车祸等意外亡故，这样的家庭变故同样会造成孩子心理阴影。

"人为什么对童年有那么深刻的印象？"张文质在《教育是慢的艺术》中问道。他说："童年是我们最重要的生命阶段。我们任何一个成年人都要不断回到童年中去汲取力量。我们的很多经历变成我们性格的重要组成因素，变成我们生命的源泉。"单亲家庭的孩子经历了家庭剧变，童年的经历被笼罩了一层阴霾，或多或少会给这些孩子的心理造成一定的影响。如果老师仅仅对学生进行政治引导、思想教育、知识传授，那是远远不够的，我们还应关注学生的心理发展，心理辅导是不能缺位的。对待单亲生，教师可以通过以下几种途径进行心理教育：

第一，建立和谐的师生关系。单亲家庭的孩子缺少完整的父母的关爱，教师若能对这类孩子不吝啬爱的表达，让孩子感受到教师的关爱，他们也会渐渐主动地敞开心扉。

第二，营造和谐的班集体。人都是依赖环境生存和成长的，环境给人的影响是很大的，一个和谐的环境能给人产生积极的心理作用。所以班主任应该着力于建立起互相关爱、真诚友好的班集体，让单亲生感受到集体的力量。

第三，定期交流谈心。单亲家庭的孩子由于缺少关爱，内心的抑郁之情无法诉说，也有的因为缺乏安全感而不愿表达真实的想法。教师可以通过个别谈心的方式，鼓励这些孩子说出内心的想法。教师用诚恳的态度表示愿意倾听，给予认同的眼神，使学生无所顾虑地敞开心扉。

第四，师生文字交流。在谈心过程中，有些孩子可能依旧心存戒心，不愿吐露心声，或者有的孩子性格极度内向，在老师面前感到害怕、局促不安、不敢表达。这时可以采用书信的方式与孩子交流，让孩子把不敢说的话写下来。

第五，加强家校配合。单亲家庭的家长因为遭受了离异、丧偶等悲剧，往往在教育子女方面也容易陷入迷茫。教师应该主动与家长沟通，了解孩子的家庭情况，指导家长与子女展开心灵对话。

巧用名字换姓的班会

我的学生陈强,在他四岁的时候,父母就离异了。陈强妈妈告诉我,离婚时,陈强爸爸毫无人性的话语让她永生难忘:"儿子我不要!我要跟我的名牌大学的女朋友生一个高智商的孩子。"小陈强从小跟着妈妈和外婆过。父母不幸的婚姻犹如一道深深的疤痕烙在了他的心里。平时,小陈强从不像其他孩子一样谈及自己的父母,也从不邀请其他小朋友到家里玩,唯恐别人知道他家庭的秘密。我了解到这一情况,便格外留意小陈强,极力保护他的自尊心,因此,班里没有人知道他的爸爸妈妈离婚了。

有一天,陈强的妈妈心急火燎地到学校来找我。原来,陈强的外婆年纪大了,前几天老人家生病住院,情况不太乐观。躺在病床上的老人看着女儿为自己和小陈强在家里、医院、学校、单位之间来回奔波,心疼极了。又想到陈强的爸爸狠心地把女儿和外孙抛弃了,这么多年了,陈强却始终跟着他爸爸姓陈,老人就觉得心里硌得慌。于是,她让女儿把陈强带到派出所去,把姓改了,以后姓王。

"我把改姓的事情跟陈强说了,没想到孩子一听就急了,死活不同意。他说:'我一改姓,全班同学就都知道我爸妈离婚了,你以为这是什么好事吗?我们班有些同学的爸爸妈妈也离婚了,但是他们都没有改姓,你干吗非要给我改姓?'"陈强的妈妈很是为难的样子,"你看,桂老师,一边是生病的老母亲苦苦哀求我给儿子改姓,一边是自尊心极强的儿子不想别人知道家里的事，我夹在中间真不知道怎么办？所以，只好请您出面给孩子做工作，他平时最听您的话。"

这确实是一个难题。不改姓吧，又担心缠绵病榻的母亲病情加重，改吧，又怕再次伤害儿子的心。我安慰了她几句，说："你让我想一想。"

一个星期后，照例是班会课。这一次，我借题发挥，班会的题目就叫：《谈谈我们的姓名，体会长辈的爱》。

班会课上，孩子们踊跃发言。

"桂老师，我叫高歌，这是我外公给我取的名。外公希望我一路高歌。"

"好名字，好外公。"

"桂老师，我和我姐姐是孪生姐妹，姐姐叫刘文，我叫刘雅。我的爸爸妈妈希望我们长大了成为文雅的淑女。"

"嗯，桂老师为你们俩的名字点赞。看来，爸爸妈妈对你和姐姐寄予了许多的期望。"

"桂老师，我叫沈康康，我有个哥哥，五岁的时候离开了我们，爸爸妈妈过了好多年才怀上我。妈妈一定要为我取名叫康康，希望我这一辈子健康成长，再也不要离开他们。"

"乖乖，我们也希望你健健康康。"

……

同学们侃侃而谈，但小陈强依旧没有要发言的意思。我便说道："同学们，桂老师也讲讲自己的名字吧。"

"好呀。"全班同学都看着我。

"乖乖们，我叫桂贤娣，我家姐妹特别多，我的大姐叫桂引娣，我的二姐叫桂有娣。"

同学们一听哈哈大笑，"桂老师，你的爸爸妈妈很想给你们生个弟弟，对吗?"

"同学们很聪明,"我点头赞许,"于是他们满怀希望地生下我,结果,又是一个闺女。我的奶奶气不打一处来,指着我妈妈说,怎么又生丫头?这个孩子不许姓桂,让她跟你姓,只有生了儿子才准跟我们姓。于是,爸爸给我上户口的时候,就给我上了两个名字,一个名字叫廖贤娣,是随我妈妈姓的,还有一个名字叫桂贤娣,是跟爸爸姓的。"

有学生大声说:"桂老师,那我们也可以叫您廖老师哟!"

"当然可以!姓氏只是一个代号而已,所以说廖老师、桂老师都是我。"

"桂老师,我有话讲,"王炎把手举得高高的,"桂老师,你不要伤心,一般名人都有两个名字。你看,鲁迅他还叫周树人,对不对?成龙的儿子叫房祖名,那成龙肯定姓房,他肯定还有个名字叫房某某,对不对呀?还有古人,字什么,号什么,所以,有名的人才有两个名字呢。"

我一听就乐了:"王炎,谢谢你,听了你的发言,窝藏在桂老师心里几十年的心结一下子就解开了。我现在心里舒服多了,谢谢你。同学们,我是班上有两个名字的大名人,那我们班上有两个名字的小名人吗?有吗?"

小陈强在我眼神的鼓励下终于鼓足勇气站了起来,"桂老师,我和你一样也有两个名字,我叫陈强,是随我爸爸姓的,我还有一个名字叫王强,是随我妈妈姓的。"

我立马走过去,摸着他的头说:"看来,你和桂老师一样,也算是小名人。你现在读四年级了,都快11岁了,跟爸爸姓了10多年,今后就跟妈妈姓,让妈妈心里也平衡一点,好吗?"

陈强点点头,"好的。"

"那我叫你王强,你答应吗?"

王强马上回答:"答应!"

我大声喊:"王强!"

"哎。"孩子脆生生地答应道。

"那全班同学都叫你王强,你答应吗?"

"答应。"

全班同学一起喊道:"王强!"

"哎。"

"王强!"

"哎。"

一场换姓风波就这样被我巧妙地化解了。从那以后,大家都叫"陈强"为"王强"。在这个案例中,我并没有把改姓和大人的关系联系起来,而是用孩子的思维来处理,在儿童的世界里解决。我告诉陈强:"你现在读四年级了,都快11岁了,跟爸爸姓了10多年,今后就跟妈妈姓,让妈妈心里也平衡一点,好吗?"小陈强爱妈妈,他自然也坦然地接受了他的新名字。

有人问我:"桂老师,你的教育智慧是从哪里来的?"

我回答:"如果我有教育智慧的话,那一定是爱!"

一封家长会通知书的启示

每次召开家长会，我都会根据孩子家庭情况的不同，准备不一样的家长会通知书。发给单亲家庭的孩子的通知书上，一般都会把缺失的某一方家庭成员隐去，这样做无非是保护孩子敏感的心理，不激化和强调家庭的残缺。因为我刚参加工作时曾经犯过一个错误。

一次，班里准备召开家长会，我给同学们统一发放了家长会通知书，写明了家长会召开的时间和地点。没想到，这张看似普通的通知书却让丁鹏和他的妈妈大哭了两场。

那天，家长会结束后，丁鹏妈妈特意留下来，找到我，告诉了我这件事情。我翻看着通知书，十分诧异："丁鹏妈妈，你哭什么呀？是不是我哪里措辞不对？"

"桂老师，你没有写错，但是看了这封通知书，我和我的丁鹏心里都很难受。丁鹏的爸爸离开我们已经5年多了。"丁鹏的妈妈有些哽咽。

我立刻明白过来，原来，我的通知书的开头是这样写的："尊敬的丁鹏父母，你们好。"为了方便通知孩子们，我的家长会通知书模板统一设置成了"尊敬的某某某父母"，而我只需要填上孩子的名字即可。没想到，我简便的做法竟然疏忽了丁鹏这样的单亲家庭，难怪丁鹏的妈妈如此难过。

"桂老师，我知道您也是无心之举。丁鹏爸爸去世已经五年了，但我一直没有给丁鹏找爸爸,我们在努力地淡忘。我回娘家,走亲戚,到同事家去聚会,我都非常注意不提孩子的爸爸,我周围的朋友和亲戚也都非常注意,没有想到一封家长会通知书,让丁鹏回到家就痛哭流涕,'丁鹏的父母'这句话就像一根针插在我和丁鹏的心里。"

听了丁鹏妈妈的话,我感到十分的内疚,知道自己真的犯了一个极大的错误。我回想起这几天丁鹏的表现,作业做得不太好,字迹潦草,上课老是发呆,罪魁祸首原来就是家长通知书上的这句话啊。

丁鹏妈妈说:"桂老师,我和孩子的爸爸感情很好,他很爱丁鹏。那天丁鹏哭着说,接到桂老师这封家长会通知书,他立马想到了爸爸给他做小推车的场景,一起放风筝的情景。我原以为孩子已经忘了爸爸离开的伤痛,但没有想到,他还是那么敏感。看到他难过,我也非常不好受。"

丁鹏妈妈的一席话让刚参加工作的我意识到,教师工作不能仅仅图自己方便,还要细心觉察孩子的不同情况。就像我在苏霍姆林斯基的著作中看到的:"教育者的使命,就是让孩子各方面和谐地发展,而且这种和谐发展的前提是对每一个学生个性的尊重。"我意识到这种个性的尊重,还应该包括对孩子家庭成长环境的尊重,对孩子心灵的尊重,就像苏霍姆林斯基的朴素的教育观点:把每一个学生培养成幸福的人!

我已记不清我是怎样送走丁鹏妈妈的,但从那以后,我的家长会通知书便分成两种格式书写。一种是双亲家庭,另一种是单亲家庭,并且将通知书都装在信封里,不让其他人看到。我发觉,单亲家庭的孩子一拿到这样的通知书,他会立即将通知书塞到书包里,而大部分家庭健全的孩子则会毫无顾忌地直接打开看。在以后的教育工作中,我逐渐养成了细心观察的习惯,我希望自己不要再犯这样的错,不要再给这样的家庭"雪上加霜",着眼于给孩子带去温暖和快乐,让每个孩子幸福地成长。

丁鹏上了初中,我跟丁鹏的妈妈仍然保持着往来。她提醒我一定要多做家访，多了解学生，多了解家长，多了解孩子们的家庭。所以，家访成了我的必修课。每个班，无论我当班主任时间的长短，我几乎都能如数家珍地说出每个孩子家庭的情况。对于单亲生，我努力保护着他们那颗脆弱的心灵。我深知，每个孩子的家庭背景都是他成长的底色，爱孩子，就是要深入到每个孩子的心灵。不同的儿童施以不同的教育方式也逐渐在我日后的工作中渐渐明晰起来。

桂老师心语：

曾经有人说过，如果把老师比作一位琴师，那么一个班级就是一篇乐章。学生就是乐章中的一个个音符。琴师对于乐章上的每一个音符必须一视同仁，不因高音而偏爱，也不因低音而嫌弃。单亲生就如同乐章中的低音符，如何使他们同样发出和谐优美的音调，是一项艰巨细致而又复杂的工作，我们必须付出无私的关爱与辛苦，更要去寻找科学有效的教育手段与方法"会爱"学生，让学生感受到我们的爱。

爱不是盲目的给予，爱要懂得解读心灵；只有读懂心灵的爱，才会让花儿绽放！

第十二章　流动生，爱在平等

桂老师手记

随着城市化进程的推进，大批量的农村进城务工人员涌入城市，哪里有用工需求，他们就奔赴哪里，他们的子女也跟着父母一起，如同迁徙的候鸟，随处流动，常年以借读生的身份寄居于不同的学校。流动生的父母本是为了养家糊口，给孩子提供一个更好的生活，但想融入城市的生活，被城市接纳着实不易。父母起早贪黑，没有时间陪伴孩子，更谈不上辅导功课和与孩子沟通交流。这样的孩子，在这个学校停留一两个月，或者半学期，长一点的，一年、两年，但总会转去别的学校。生活的不稳定导致这些流动生有极不安定的心理状态，所以无论是学习成绩，还是性格特点，都令人堪忧。

流动生的特殊性给就读的学校和教师在一定程度上也带来了困扰。某些学校和教师不愿意接纳他们。他们的到来在一定程度上增加了老师的工作量，姑且不说了解和帮助这些孩子需要花费很多时间和精力，而且这些孩子没有学籍，在工作业绩上也无从体现，何况这些孩子似乎也没有其他孩子学习成绩优异。他们的父母为养家糊口而奔波劳碌，缺乏对他们的悉心照顾，这些孩子大多衣着不够整洁，行为习惯较差，成绩不优异，知识面狭窄，性格也比较孤僻，跟班上的孩子不怎么合群，常常独来独往。因此，流动生的临时身份变成了这些孩子的保护伞，也成为某些老师忽略他们的理由——不适应，没有关系，成绩不好，也没有关系，反正过段时间就转到别的学校去了，自尊心和上进心在流动生身上几乎可以忽略不计。这种心灵的真空对孩子的健康人格的成长都是极其不利的。爱的缺失、安全感的匮乏，以及优越感的无法获取让流动生走上歧路的可能性增大。

给孩子酿一滴甜甜的蜜

我们班大部分同学说张燕是个闷葫芦。一下课,其他孩子都撒欢似的跑出教室去操场上玩耍,而她就静静地坐在教室里一个人看书,很少看到她和其他同学交谈。我想可能是父母工作的原因吧,张燕从小就跟着父母全国各地跑,一个学校待不了两年。

张乖乖没有朋友,我就做她的朋友。

有一天做操时,我故意站在她旁边,小声说:"小燕子,这一节操是最难做的,你教我,好吗?"

"桂老师,你是真的不会做这一节操吗?"她半信半疑地摇摇头,不吱声了。

等这一节操做完了,我又靠近她,一本正经地说:"下课的时候找个没人的角落教我,可别让人家看见,笑话桂老师。"张乖乖听了微微一笑。下课了,我主动找她,请她做我的老师。她扭捏着,就是不肯教我。她的同桌不知从哪里钻出来说:"桂老师,她这个闷葫芦要是说句话,我就永远当哑巴。"

"我掐死你这个小乖乖!"

小家伙笑着跑开了,小燕子头埋得更低了。

后来,我又不时瞅机会,求了她四五次。最后一次我这样对燕子乖乖说:"你看,桂老师年纪大了,协调性差了,顾上了手就顾不上脚,顾上了脚就顾不上手，然后顾了手和脚就不知道脖子该往哪边扭。"她终于点头了。我忙说："乖乖，从今以后，你可以自豪地说我是特级教师的教师。怎么样？"

"嗯！"她抿着嘴笑了。

从那开始，孩子的心逐渐向我打开。她依旧不善言谈，但喜欢把自己的想法写进作文里，于是通过写作，我和她建立了沟通的秘密渠道。我常常在批改作文时夸赞她悟性好，文辞优美。事实也是如此。

有一回，我在班上讲了一个笑话：我公公年轻的时候响应毛主席的号召到埃塞俄比亚援非，后来他生了病被提前送回国。在机场，我公公买了一个篮球，想带回去给孩子们玩。那时候家境都比较贫困，我丈夫和他的弟弟妹妹从没见过篮球。他们看见篮球没有脚却蹦很高都十分好奇：这个玩意里面是什么呀？于是，我丈夫从厨房拿了一把刀，要把这个篮球"杀"了，他想看看里面的玄机。这一刀杀下去，没想到扑了个空，篮球往前一滚，他不甘心，追着篮球跑。一杀一滚，一杀一滚……最后，费了九牛二虎之力，兄妹四人齐心协力把这个篮球捉住、按着，终于将它"问斩"。结果，四个小家伙把球剖开一看，咦，里面竟然什么都没有。同学们听我讲完这个故事，乐得哈哈大笑，张燕也抿嘴一笑。

有一次写作文，张燕竟然把我讲的故事变成了她的故事。在作文里，我丈夫和他的兄弟姐妹摇身一变，成了张燕和她的小伙伴。她把她好奇的心思写得栩栩如生，把追球、"杀"球的场面描绘得活灵活现。后来，在我的鼓励下，张燕把这篇作文认真修改后参加武汉市"楚才杯"作文竞赛得了二等奖。接到学校通知后，我真为她高兴，不过张燕自己可不知道这个好消息。

那天下课后，我对张燕说："乖乖，今天妈妈来接你放学的时候，你们一定要从学校那棵最大的梧桐树下面的宣传栏的第三版那里走过，知道吗？"

她用小小的声音好奇地问："为什么？"

我摸摸她的头，逗她："乖乖，你今天要不打那里走啊，明天桂老师就不理你。"

她大惑不解地嘀咕了一句："有什么好看的？"

我故作神秘地说："你去了就知道了。"

放学后，张燕的妈妈来接她，我一手拉着张燕的妈妈一手牵着小张燕，像孩子做游戏一样，"走呀走呀走呀走，好朋友呀手牵手。"走到宣传栏前，我说："张燕妈妈，请看，光荣榜。"

张燕妈妈愣了，瞥了一眼说："桂老师，有什么好看的，又没有我们家张燕，她怎么可能在上面呢？"

"从上往下慢慢看，仔细看，睁大眼睛看。"

张燕妈妈便用手指着，一个个名字看过去，突然女儿的名字赫然在目，激动万分的张燕妈妈当即给我一个大大的拥抱："谢谢桂老师，'楚才杯'作文竞赛二等奖，这对报考重点初中是有帮助的啊！"她妈妈抱着我的胳膊摇来摇去，高兴得像个孩童，"桂老师，你说我怎么感谢你好呢，怎么感谢你好呢？桂老师，您是不知道呀！我们两口子在燕子读书的这几年，一年换一个地方，孩子不停地转学，她恨我们，常常一天不说一句话，可我们也没办法啊！这下好了，我要赶快告诉孩子爸爸，这可是我们燕子第一次得奖啊！"燕子妈妈高兴地流下了眼泪……

我看着在一旁含笑不语的张燕，说："我啊，我就想要小燕子的感谢，看看她是不是也开心？"

"桂老师。"张燕听了我的话，走到我的身边，把我的手拉着，声音还是很小。

我说："乖乖，开心吗，今天？开心的话，就像妈妈一样，给桂老师一个大大的拥抱。"

"谢谢你,桂老师。"害羞的小女孩说着就抱住了我,我也抱着小张燕,心里暖暖的。后来,小张燕有自信多了。

罗杰斯说:"一个土豆在晦暗的菜窖中,只要具备了适当的温度和湿度,就会本能地追逐着菜窖中的一线阳光,拼命地朝着阳光成长,贪婪地吸收着光的能量,产生光合作用。"在我看来,内向生就像一朵含苞待放的花蕾,总是羞于展现自我,但只要条件适宜,他们同样会怒放。老师就要像那一缕阳光,给孩子酿一滴甜甜的蜜,就是给这些内向的孩子提供一个机会,创造能够发挥他们的优势和特长的环境,他们就能展现出属于自己的魅力和精彩。

给一个机会，还一个奇迹

孙旺财，一听就是一个流动生的名字。从一年级开始，孙旺财就跟着当建筑工人的爸爸妈妈辗转于不同的城市和学校。他到我们班时已经五年级了。我记得他第一次自我介绍时说"我叫孙旺财"，话音刚落，同学们一阵哈哈大笑。他接着说："这是我爷爷奶奶给我取的名字，他们希望我这一辈子财源滚滚。"班上的同学又是一阵大笑。他对同学们的哄堂大笑一副习以为常的样子，面不改色地坐到了我给他安排的座位上。

10月，我们学校举行一年一度的秋季运动会。接力比赛需要10个男生，10个女生。我委托我们班的体育委员在全班征求报名意见，孙旺财问我："全班都可以报名吗？"我点点头。

"我也可以吗？"

"当然。"

得到我肯定的回答，他便冲到体育委员跟前第一个报名。他把手举得老高老高，最后都快把手举到体育委员鼻子底下了，但是体育委员就是视而不见。孙旺财不服气："为什么不选我？我跑得很快啊，不信，你可以问体育老师张老师，他总夸我跑得快，桂老师也知道。"体育委员不以为然，说："你的事情别跟我谈，谁知道你在我们班待几天就转学了，万一我们班得了第一名，体育老师查人，你不在我们学校的学籍簿上，那不成了学校体育史上的大事件，成了冒牌货？"孙旺财听完，十分委屈，忍了忍就一声不吭地回座位了。

中午，他鼓足勇气跑来找我，"桂老师，我很想参加接力赛，你说全班都可以报名，可是体育委员不让我参加，他还说我是冒牌货。"

我理解孙旺财想要参加比赛的心情，便拉着他的手，安慰他："走，我们去看看'奥委会主席'是怎么回答我们的。"

我们找到了体育委员，体育委员振振有词地跟我们讲了他的理由。我建议道："为了班级的荣誉，接力赛肯定是择优录取。这样，今天阳光半小时的时候，我们全班的男生比比看，看孙旺财到底能跑多快。如果能进前十名就让他参加接力赛。"

为了能顺利入选，孙旺财找他的同桌借来球鞋，绑紧鞋带，一下课就做起了热身运动。我看着他认真地准备着这一切，便鼓励他："乖乖，待会好好跑，拿出你最好的水平。我相信你一定行！"

"桂老师，我一定会的。"他冲着我一笑。

果不其然，当小裁判倒数说"预备，跑"的时候，孙旺财像离弦的箭冲了出去，双腿来回交替，就像一个小飞人。最后，男生接力预选赛，他得了第三名。体育委员目瞪口呆。远远地，孙旺财向我招手，有些得意。

我跟体育委员说："孙旺财跑得真快，就让他参加吧。你去找找体育老师。"

"桂老师，找体育老师没用，"体育委员为难的样子，"我们班上的其他活动都没让他参加，为什么呢？因为他随时都有可能转走。"

体育委员的一番话让我了解了孙旺财在学校尴尬的处境，想到这个孩子在学校所受到的不公平待遇，我心里有些难受。我对体育委员说："走，我们一起去跟体育老师说说，看看能不能让张老师为旺财破一次例！"

我拉着体育委员来到体育办公室，找到张老师，说明了来意，张老师为难地说："以前有一次运动会，刘老师班上有个学生参加了，后来颁奖时就转走了，平行班的老师为了争班集体总分非要我们扣刘老师班的分，搞得很不愉快……"

我望着张老师，真诚地说："我明白你的意思，可是，孙旺财在我们班上读一天的书，就是我的学生，就是我们班上的学生，请你站在他的立场想想。"

"桂老师，你们班连续三年都是冠军，今年还很有希望拿四连冠，把孙旺财选进来，到时候旧戏重演怎么办？不是影响班级荣誉吗？"

我说："你这个想法，我非常理解，你是我们班的体育老师，把我们班的荣誉看得很重，但是我相信我的学生，否则，就算是四连冠五连冠，这样的奖又有什么意义呢。给孙旺财一个机会吧。"

体育老师终于答应了，体育委员也放心地开始"排兵布阵"——把"小飞人"孙旺财安排到了最后一棒。接力比赛时，孙旺财在胳膊上系上了一条红袖带，有同学在他头上绑了一个写有"必胜"的红带子。体育委员嘱咐他："孙旺财，你要不冲在前面，我就替桂老师不值！"

接力比赛开始了，当同学把接力棒递到孙旺财的手中，他迅速地向终点冲刺，我和同学们都为他加油，呐喊："孙旺财，必胜！孙旺财，必胜！"果然不负厚望，孙旺财冲到了最前面。

"耶！"全班同学沸腾了，紧紧地围着孙旺财，"我们班赢了！"

我高兴极了。

运动会结束了，我们班举行了颁奖典礼，我隆重地给孙旺财颁奖。后来，我们班的很多活动都可以看到孙旺财的活跃身影。期末的时候，他还选上了校三好学生。

孙旺财因为一个接力赛的机会，感受到了自己在班级的存在感和价值。他的朴实、乐于助人也赢得了同学们的尊重。"来我们班之后，孙旺财成绩有所提升，并且为班集体争得了荣誉。"同学们是这么评价他的。

一年下来,孙旺财一共获得了六张奖状。他的进步也让他的爸爸采纳了我的建议:孩子在这里,老师喜欢他,同学接纳他,他自己进步又这么大,如果转学那就太可惜了。请让旺财继续在我们班读六年级。因为学校附近没有合适的工作,孙旺财的爸爸硬是捡了一年的破烂,把孩子送入了初中。

孙旺财毕业的时候,他的爸爸和我有过一次谈话。他说:"虽然我捡了一年破烂,收入减少了一些,但是这是值得的。因为我的孩子变快乐了,阳光了,自信了,这是用钱买不到的。"

"桂老师,你知道吗?我的孩子虽然还小,但他受您的影响,他常常看书,他说:'爸爸,我长大了也要当老师!'"

我听完,十分欣慰:"你的孩子很聪明,爱读书有理想。这两年来,你在家庭教育方面有很大提高,学会了尊重孩子,倾听孩子的想法,希望以后你能帮助孩子实现他的理想。"

旺财的爸爸说:"桂老师,你每次在家长会上讲的东西,我都认真听,回去之后我还讲给他妈妈听。你给我们推荐的书,我们也会找来看。我和他妈妈认字都不多,有看不懂的孩子会读给我们听,这样孩子自己受了教育,我们也受了教育。"

六年级毕业前夕的最后一次家长会上,孙旺财的爸爸作了长达25分钟的发言,他说:"我想向桂老师表达由衷的谢意。谢谢你,桂老师,你没有歧视旺财,我儿子在这个班级读书的两年时间里,你始终把他作为班级的一份子,当作1/68。谢谢你给我儿子提供了机会,班上的每次活动,只要孩子想参加,你都会让他参加。孩子在这里可以平等学习,平等生活。去年,前年,因为我和孩子的妈妈工作的原因,孩子转了三个学校,他跟着我们吃了很多苦,在学校里得不到尊重,他虽然嘴上不说,但是我知道他心里非常孤单,没有朋友。而现在,孩子经常会跟我说,爸爸,你就在这里找工作吧，我不想走，我不想毕业。我知道，他是舍不得离开桂老师，舍不得离开亲爱的同学们。谢谢桂老师，你是个心地善良的人，你的心，跟孩子的心，跟我们家长的心是连在一起的。最后，我还想感谢桂老师，这两年时间里，你每次来家访，都会指导我正确的家庭教育的方法，给我推荐家教读物，告诉我该怎么和孩子谈心。今天是我人生中第一次当着这么多人的面讲话，我想我也进步了。"台下响起热烈的掌声。

我不由地想起了杜威的观点："儿童心理活动的基本内容就是以本能活动为核心的心理机制不断发展和生长的过程，教育就是起促进本能生长的作用。""学校教育的价值，它的标准，就看它创造继续生长的愿望到什么程度，看它为实现这种愿望提供方法到什么程度。"是的，我只是给孙旺财一个平等参与的机会，没有想到，竟然会点亮他的心灯，成为他积极向上的动能，孙旺财用他的努力实现了突破自我的奇迹。

旺财很幸运，他有一位愿意为他继续就读捡一年垃圾的好父亲，虽然生活四处漂泊，但是心灵能有所依靠。实际上，并不是每一位孩子都有旺财这般的幸运。在我们的校园里还有一种流动生，他们并非就读学校的流动，而是心灵的"居无定所"，这就是留守儿童。他们同样是在城市化进程中被牺牲的群体。与前者不同的是，他们虽然固定在同一所学校上学，但由于父母不在身边，他们更处于一种孤独、无助、疏于管教和缺少疼爱的环境之中。这些孩子除了性格上的自卑、内向外，学习上更是因为缺乏父母的监管辅导而困难重重。有的留守儿童甚至厌学、沉迷于网吧、游戏厅，引起行为上的偏差。

我到安徽阜阳讲课的时候，阜阳的教育局局长接待我的时候说："桂老师，能把你请来我们太高兴了，我想告诉你，我们阜阳的家长，把孩子都丢在家里，自己出去打工，这些孩子有的一年半载都见不到爸爸妈妈，只能跟爷爷奶奶外公外婆在一起。我们阜阳的乡亲，用牺牲整整一代、两代人的代价，去换得所谓的楼房和金钱，要知道，孩子没有父母的陪伴，性格扭曲，个性孤僻，学习成绩不好，不尊重父母，不知道与人合作，也不知道大局观念，等等。那个时候，他们的父母，挣再多钱，住在再高的楼里，也没有意义。"我非常赞成这位局长的话。张文质在《父母改变孩子改变》一书中提道："孩子不在你身边，一定就在各种危险之中。"陪伴孩子的成长应该放在整个家庭教育的首位。

作为父母，教育孩子健康成长是我们义不容辞的责任，当我们外出谋生时，无论生活多么困难，也要想方设法把孩子带在身边，倾情关注，用心陪伴，做孩子心灵的守护神。

桂老师心语：

　　教师的伟大之处正是因为教育不是在教书，而是一份救人的工作。我经常想起蒋勋说的这句话。所以，作为教师，对待这样的孩子，一定要以平等之心待之，让他们感觉到自己在班上是和其他孩子一样的，帮助他们尽快融入班集体。不仅如此，老师对待这些流动生还要比别的孩子多一份呵护，有的时候教师甚至要代替了父母的角色陪伴他们成长。除此之外，教师还要取得家长的支持和理解，尽量避免频繁地转学转班，给孩子营造一个相对稳定的生活学习环境。

第十三章 贫困生,爱在无痕

桂老师手记

贫困生指的是家庭经济条件不好的孩子。这些家庭有的是因为父母双方或一方身患残障或有重大疾病，不能自食其力，而造成家庭经济困难；还有的是因为父母双亡或父母抛弃了子女，孩子跟着年迈的祖辈一起生活。

这类孩子的成长往往呈现出两极分化，因为肩负着家庭给予的厚望，有的孩子自强自立、不甘落后，想通过自己的努力改变命运；但由于生活环境和性格特征的不同，有的孩子则表现出退缩不前、消沉懈怠。我认为，这样的孩子一方面有强烈的自卑意识，经济上的困难让他们意识到自己和同龄人之间的差距，当其他孩子高谈阔论假期去哪里旅游了，收到多少压岁钱，买了什么新衣服新玩具时，他们会或多或少产生心里失衡，觉得失落；另一方面，在某种程度上他们又比普通孩子具有更强的自尊心，他们朴实而敏感，不愿当面被揭示自己的贫穷。

对待这样的孩子，教师首先要做的是给他们更多的关爱。贫困家庭的孩子在物质生活方面贫乏，但是我们可以把他们培养成精神世界丰富的人。张文质曾说道："我们能不能对身边那些可怜的孩子给予更多的同情、更多的关爱，对他们的命运能够予以更多的渴望呢？哪怕他的未来不大光明，但要是他知道有个老师对他的未来还有期待，有个老师关注他的未来，我相信这个孩子就会有更好一点点的成长的可能性。其实，我们从每个人的经历中都可以看出，教师的真挚关爱对人的幼年时期的成长，对人生建立的信心是多么重要的一件事啊！"

其次，教师需要进行必要的心理疏导。对于贫困生，他们的成长障碍来自于家庭生存环境的艰难。因为家庭生活困难，他们尽可能地降低物质生活的要求，购置生活和学习用品时尽可能地节俭。而孩子之间的攀比心理让学校组织的活动、同伴之间的交往无形中强化了这种差异，让贫困生意识到自己家庭的经济条件不如别人，从而否定自我的价值。有些贫困生自卑情结严重，甚至会埋怨父母，为什么不能给他提供好的生活条件，觉得父母没用。教师一定要正确地引导孩子，告诉他们：经济条件并不能决定一切，只有知识才能改变命运。

教师在日常的班级管理中还应该注意平等对待班级学生，对贫困生切忌明显地特殊对待，淡化学生间的比较，应该像春雨一般，润物细无声，默默地呵护，悄悄地滋润。

为孩子注入精神的底色

我第一次见到周彪的父母正临近五年级期末。

周爸爸是一个地地道道的农民,那天下午,他推着一台轮椅走进了我的办公室,轮椅上坐着一个面容憔悴的妇女,应该是周妈妈。一进门,他就询问我:"您是桂老师吧?"

我点点头,疑惑地问:"请问您有什么事情吗?"

周爸爸一声不吭,把轮椅推到我的面前,把妇女从轮椅上扶下来。我愣住了,问他们要干吗,周爸爸就直言说:"桂老师,我们的儿子叫周彪,周彪的姐姐因为先天性小儿麻痹症,没上过一天学。周彪是我们全家唯一的希望,他刚刚读完五年级,成绩一直不好,听说您教书教得好,我想让他六年级转到您的班上读书。桂老师,请您一定要收下他。我们没有钱给您送礼,我们夫妻就想跟您……"说着,周爸爸就"扑通"一声跪在地上。

"快快快,起来,"我连忙拉起周彪的爸爸,又把孩子的妈妈扶回轮椅上,"不要这样,不要这样!你的孩子怎么了,有话好好说。"

周彪的爸爸便把家里的情况一五一十地告诉我。他说,自己出身在农民家庭,有弟兄六个,因为家里很穷,四个哥哥都没有结婚。后来,经人介绍,41岁时他娶了患有小儿麻痹症,且比自己大5岁的周彪妈妈。第二年,周彪的妈妈就生下了一个女儿,可是孩子也患有先天性小儿麻痹症。

本来就不富裕的家庭更加困难了,周围的邻居和亲戚都让周彪的爸爸把孩子送人,但他怎么忍心抛弃自己的亲身骨肉。

"我的哥哥都没有结婚,我好不容易有了一个女儿,她只要能吃饭,我就养着她。"我点点头,很感动,觉得这个人很不容易。

周爸爸继续说,一年多以后,他们又生下了周彪。高兴的是,周彪是个健全的孩子。这是周家的大喜事,他们请全村人喝糖水,每户还发了一个红鸡蛋,还破天荒打了一挂鞭炮。

"桂老师,我有福气,因为我有儿有女,"周爸爸说道,"但是,我这个儿子学习成绩不好,我打听过,您教书教得好,所以我想把孩子转到您的班上。您能收下他吗?"

看着眼前这对夫妻,我没有办法,说:"这事需要先跟学校教导处讲,教导主任答应了才行呀!"

周爸爸急忙抢过话茬:"这事我们来办,只要您答应。"

开学了,我第一次见到周彪,个子小小的,有点黑。开学第一周,我组织班干部推选活动,我鼓励学生自告奋勇。周彪第一个举手:"桂老师,我想当卫生委员,我最会做清洁了。"

"好啊。"没想到周彪是这样阳光向上的孩子,我同意了。

这个小卫生委员果真每天放学留下来做清洁,做起事来有模有样。我们班每天都窗明几净。任课老师时常跟我夸奖周彪:"桂老师,你们班的周彪真勤快,上课前总会把黑板擦干净,把讲台整理得井井有条。我们上课的心情也舒畅。"

有时看到其他同学拿着扫帚打"少林棍",周彪就趁他们不注意偷偷把扫把藏了起来。

周彪是个好孩子,但是周彪的成绩依旧是我的一块心病。我知道,周彪的父母文化水平不高,而且还有一个生病的女儿需要照顾,无法兼顾周彪的学习。再加上周彪是家里唯一的男孩，家里人自然把他当成手心里的宝，从不对他提要求，周彪想要的也都尽量满足他，不知不觉，便形成了溺爱。我想，周彪本性纯良，智力正常，只要方法得当，他肯定会有进步的。我便经常发动周彪的同桌、班干部帮助他，我和数学老师一有空就把他叫到跟前给他补课，就这样，周彪的成绩渐渐有了起色。

期末的家长会上，家长都来了，只有周彪的爸爸没到。我站在教学楼六楼的栏杆处，往学校大门看，只见周彪的爸爸骑着一辆什么都响，只有铃铛不响的自行车往学校赶，一副风尘仆仆的样子。

我站在楼梯口等他，看见他上来，便迎上去握住他的手说："周爸爸，欢迎你。"他连忙搓搓手，又用袖子擦擦脸，连声道歉："桂老师，对不起，我迟到了。"

我估计他是刚忙完农活匆忙赶来参加家长会的，便先把他带进办公室。办公室里就我和周彪爸爸两个。我把镜子、梳子拿出来，对他说："周爸爸，才从菜地起来，是吗？来！把头发梳一下吧。"他连连点头。于是，这个近五十岁的男人照着我的要求，对着镜子把头发梳了好几遍。我又递给他一块抹布，"来，把鞋子上的泥也擦一下。"他又认真地把鞋子上的泥擦掉。擦好了，他立正站在我面前，"桂老师，这样可以了吗？"我竖起大拇指，"帅呆了！走！开会去！"

我们一起走出了办公室，周彪的爸爸一脸歉意，不停地说："桂老师，家长会是不是迟到了？我们是不是太晚了？"我安慰他："没迟到，今天是我召开家长会，只要我没去，就不算迟到。"他听我这么一说，很开心地跟着我走进了教室。

家长会结束后，很多家长都围着我，询问各自孩子的情况。我看到周爸爸一个人站在教室的后门，不停地搓手，很犹豫的样子。我想，他是不是有什么事。我便对其他家长说："各位家长，请稍等一下。"我从讲台上走下来，径直走到周彪爸爸面前，问道："周爸爸，你有事吗？"

他搓搓手，不好意思地说："桂老师，我就一句话想跟你说，但是你被那么多家长围着，我不好意思过去，我等你们谈完了再说。"

"不要紧，你先说。你有什么话？"

他说："桂老师，我看你今天脸色不好，说话有点上气不接下气，你要注意身体，不光我的孩子需要你，还有很多孩子都需要你！"

我被他的率直感动，"谢谢你，周爸爸，谢谢！我送你下楼吧！"

"不用，不用。桂老师，我种的时令菜，现在市场上卖得很俏，明天我让周彪给你带点过来。"周彪的爸爸说道。

我连忙摆手："别，别，我们家里三个人都赚钱了，你们家里四个人全靠你一个，你等菜卖得很便宜很便宜的时候再送给我。"

"不行，那个时候就不好吃了。"

"不会，周爸爸，你亲手种的菜怎么都好吃，"我把他送到楼梯口，再次叮嘱他，"周爸爸，你的心意我心领了，但是东西我不能收，你千万别让周彪带菜给我，我不会收的，谢谢你！"

我对待周彪爸爸的态度让跟着我学习如何召开家长会的徒弟毛老师十分不解，她问我："师傅，你为什么如此尊重一个农民？他来，你接，他走，你还送，对其他任何一个家长都没有这样。"我告诉她："我尊重农民家长就是尊重我的父辈，我尊重农民家长就是尊重我自己，因为，我是农民的孩子。"是的，我也是从农村出来的，我知道他们在城市生活的不易。我想尽我所能，给他们更多的关爱，更多的尊重。

周彪的爸爸还是很客气地隔些日子就让周彪给我送一些菜，我不好再推脱，便收下了，我对周彪说："你爸爸种的菜就是比别人的菜好吃！"周彪听了很高兴。原来我们家并不是一无所有，爸爸种菜的手艺很厉害呢。我想给周彪这样的信心。

到周彪家家访的时候，我有时会带一些书和女儿穿小的衣服送给周彪姐弟。我会先跟他们说："衣服呢，是旧的，孩子长得快，穿不上了。书是给周彪的。你看，你们送来的菜我都吃了，我带的这些你们也一定收下，这叫礼尚往来。""桂老师，你对我们真好，总是想着我们。"周彪的爸爸妈妈说。我连忙说："你们家周彪是个好孩子，他把班级卫生做得特别好，是最称职的卫生委员，我们班总能得到卫生流动红旗。"我对周彪的爸爸说："周彪是我的学生，我是周彪的老师，一日为师，我们终身为朋友。朋友之间，礼尚往来，你不要有负担。"就这样，周彪的爸爸坦然多了。

毛老师问我："桂老师，你为什么对周彪一家这么好？"我告诉她："我们作为老师，对学生和他的家庭其实帮不上什么忙。我们能做的就是多关心他们，让他们看到一种美妙的可能。"

有一次家访时，周彪的爸爸妈妈把他们的朋友都叫过来，在那简陋的屋子里，这些家长向我询问怎么教导孩子。在和他们的交流中，我真切地感受到父母的心都是一样的，都希望把孩子教育好。而这些家长，因为工作的原因，经济的原因，自身的原因，陷入了渴望教育好子女却不得法的困境中，他们迷茫、困惑，老师如果能在这方面帮他们一把，对他们来说是极大的帮助。

特殊的午餐

我们班有个男生叫王晓虎,父亲因与人发生纠纷伤人而入狱,当了多年家庭妇女的母亲在父亲入狱后也没有稳定的工作,只能打点散工,在工地上干点活,或是做钟点工,靠着微薄的收入养育着王晓虎和他已经上初中的姐姐,家庭生活十分窘迫拮据。平时孩子们下课凑在一块七嘴八舌地聊天,交流着新买的玩具,描述着周末去的新开的游乐场,或是爸爸妈妈带他们去的好吃的餐馆,我看到晓虎总是静静地在一边听着,脸上有着专属于孩子的羡慕的神色,孩子们交流中提到的"美国队长"的书包、"毛毛虫"的鞋子、牛排和汉堡,对于晓虎而言,都是陌生而遥远的东西,仿佛天上的星星一样。偶尔他也会说起自己的玩具,家门前的旧轮胎,爸爸曾经为他编的蝈蝈笼,回老家时跟爷爷一起钓小龙虾的钓竿,同学们同样无比羡慕地听着他的描述。只是每逢春游、秋游,晓虎便变得格外敏感起来,小家伙们都吵着嚷着让父母给自己准备零食,一般出游前一天的放学后,孩子们都是兴奋地牵着爸爸妈妈的手到超市去大采购一番,而王晓虎的妈妈总是默默地牵着同样沉默的晓虎离开了。

有一次学校组织春游,通知了孩子们后,我第一个想到了王晓虎,晓虎家庭条件差,明天可能带不了多少东西,明天晓虎看着别人吃,自己又只能啃馒头的滋味肯定不好受。下了班,我便赶去超市买了面包和一大包卤味。第二天,学生们的大包小包塞满了父母长辈准备的零食,兴奋得像树上的雀儿，而王晓虎的包果然扁扁的。他一如往昔地沉默地站在队伍的最后，离小伙伴们远远的。看着他孤单的小身影，我的心被揪得紧紧的。我一边若无其事地组织孩子们排队，一边在脑海中飞速思考着解决的办法。在快上车之前，我故意走到王晓虎身边，把装着面包和卤菜的袋子递给晓虎，请王晓虎帮忙拎我准备的午餐。"乖乖，帮我拿一下吧，我现在要组织同学们排队，不方便！"我说道。"没问题桂老师，东西就交给我吧"，晓虎朗声说道，"保证帮您保管好！"多可爱的孩子啊！我就是希望他和别的孩子一样。

午餐时间，全班孩子三个一群，五个一堆地坐在绿草如茵的小山坡上，大家从书包里掏出了一袋又一袋的食物，手工面包、烤蛋糕、蛋黄派、酸奶、牛肉干……几个小家伙很机灵地围在我身边，这个给一个巧克力棒，那个给一块香甜的蛋糕，"桂老师，您吃我这块巧克力，可好吃了！""桂老师，我的蛋糕是妈妈从汉口买回来的，您吃一块吧！"

王晓虎悄悄坐到我旁边，把手中的袋子递给我，低声说："桂老师，你的东西。"我看看王晓虎，故作恍然大悟地说："哦！谢谢，你看我，都忘了我还有东西在你那儿呢！同学们，谢谢你们将食物分给我吃，我昨天晚上也准备了些东西，也请你们吃一点吧！"班主任的东西自然是极具吸引力的，孩子们抢着吃我带来的卤味和面包，就这样，王晓虎和同学们一起吃得津津有味，孩子们也许是受到了感染，纷纷围作一团，王晓虎也将自己书包里的馒头和咸菜摊在桌布上，孩子们不分彼此，一起来了个大聚餐，这一刻，每一个孩子都是一样的，一样快乐、一样平等，享受着一样的食物，享受着一样的心情。在这个午餐时间，王晓虎既没有得到特殊的对待，又和同学们一起享用了一顿丰富的午餐，我很高兴。对于贫困生，老师无痕的帮助是最智慧的。

一元钱的仙人掌

我经常看到电视台大张旗鼓地为贫困生举办捐款活动,点名道姓说是捐给谁,甚至有的媒体还让接受捐款的孩子讲话,谈感受。我觉得这些孩子在面对镜头时心里是不平静的,除非他们年龄很小,自尊心尚未建立。媒体为贫困生筹款的善举在某种程度上对孩子造成了一种伤害,如同在撕裂的伤口上撒盐,时刻警示贫困给他们带来的不幸。他们虽得到了经济资助,却失去了尊严和自由;解决了经济贫困,却陷入了心理危机、情感危机和社交危机等多困的状况。

一次,学校组织学生们捐花,让每一位学生带一个盆栽到学校来。校门口的小商小贩的嗅觉是极为敏锐的,在这一周里,学校门前几乎成了"花鸟市场",各式各样的盆栽罗列于人行道两侧。

周三的早晨,我沿着这条绿荫小道往学校里赶,在离校门口不远的地方,我看到了我们班的毕辉,只见他磨磨蹭蹭地在这条路上走着,看样子并不着急进校门。这孩子,时间已经不早了,他还在这里玩,我有点生气。我快步走到毕辉跟前,"乖乖,走,赶紧跟我进学校去,可别迟到啦!"我将孩子的手一拉,快步往学校走去。这时,我注意到毕辉的眼睛在一株仙人掌上停留了几秒,而被我拉住的手心里是一枚一块的硬币。突然间,我知道了,这孩子也想给学校捐花。可是,他没有钱。这一天,我心里都惦记着毕辉和那盆仙人掌。怎么帮助毕辉才好呢?我去买一盆仙人掌给毕辉，让他捐给学校，他一定不会接受，没准还伤了孩子的自尊心。让同学们帮助毕辉，这样家庭的孩子，都是成熟敏感的，让他永远活在同情的目光下，这对他来说无疑是残忍的，这会影响孩子的性格形成，我不希望孩子过早地背负生活和心理的重担，我希望孩子就是孩子，孩子就应该简单快乐，爱笑爱闹。这一整天我都没安过心。

下班时，看到毕辉也正往校门外走，我特意放慢了脚步，走出校门，在门前的小摊中搜寻着早上的那一盆仙人掌，还真找着了。经过询问，老板道出了最低价——五元。正在这时，毕辉走过这个小摊，看到我正在谈价，好奇地跑过来。"桂老师，您在这里干吗呀？"我故意对卖花老板说："再少一点嘛！老板，我手上就四块钱！""真的不能卖，我四块钱卖给你是要亏本的！"正在老板为难的时候，小毕辉突然扯了扯我的袖子，低声说："桂老师，我这里有一块钱！"说着一把将书包搁在地上，拿出他那生了锈的铁铅笔盒，费力地打开铅笔盒，在铅笔盒的最底层找出了一枚一块钱的硬币。我故作为难的表情："谢谢你，乖乖，但是不行啊，老师怎么能要学生的钱来买花呢？"毕辉看到我拒绝了，他着急说："没关系的，桂老师，您平时总教育我们要乐于助人，现在您遇到困难了，我也要帮助您呀！"我假装思索后说："那不如这样吧，我本来是想买盆花放在办公室的，干脆这花就算我们一起捐给学校的，你出了钱，明天就由你把这盆花捐给学校吧，不然，你这一块钱老师可不接受！""嗯！"第二天一早，小毕辉兴高采烈地捧着这盆仙人掌来到了教室，自豪地告诉同学们，他要捐一盆仙人掌给学校。周五，仙人掌被毕辉捐给了学校，以他的名义。我放心了。

桂老师心语：

　　帮助贫困生，教师一定要尊重他们的经济隐私，我们不能用异样的眼光去看待他们，而且，我们还应当理解他们及他们的家庭。孩子们有思想、有情感、有自尊，我们只有充分尊重他们、理解他们、保护他们的经济隐私，安抚他们焦虑不安的心灵，他们才能够从教师的尊重与理解中获得被接纳、被肯定、被呵护的感受。教师的尊重与理解能够让他们感受到与他人的平等，还能够帮助他们走出自卑的阴影。所以对教师来说，当面对班级里的贫困生时，一定要谨慎地考虑自己的教育行为，帮助关怀孩子的同时要兼顾到孩子的自尊心，尽量地让爱不着痕迹。

第十四章 超常生,爱在点拨

桂老师手记

超常生是指智力发展明显超过同龄一般发展水平、具有某种特殊才能的儿童，亦称天才儿童。这样的超常生在班级里并不多见，更多的是一些智力发展比其他孩子略高一筹的聪慧生。老师讲的知识他们往往一点就通，一点就透，因此这些孩子往往是班级里学习方面的佼佼者，是班级里的学优生，但这种优秀并不仅仅依靠他们的勤奋努力，而是因为他们的智商较高，具有比常人更快速、更高效的学习能力。但是，每个班级的孩子的智力发展水平并不是齐头并进，而是参差不齐，教师的教学是面对班级的每一位学生，这些聪慧的孩子在理解了当堂课的内容，尤其是当老师为了照顾一些学困生反复强调某类已经教授过的知识时，他们便表现出不一样的上课态度。

有的孩子"霸占"老师问题，老师一问，他就迅速地作答，不给其他孩子留有思索的余地；有的孩子认为老师讲的知识他都知道，所以课上干脆睡觉；更有甚者，自己学会了便骚扰同学，和周围的同学说话聊天，成了"捣蛋分子"。遇到这样的聪慧生，老师很无奈，不知道该采取怎样的课堂管理方式：表扬吧，他们的上课表现并不符合"认真听讲"的范畴；批评吧，每次考试，这类孩子总是遥遥领先，不能打击孩子的学习积极性；放任自流吧，又担心他们的行为在班级里产生不良影响……这实在令人头痛。除此之外，这类孩子还有一个令人担忧的问题，类似"你太聪明了""你真棒"等表扬性语言听得太多，他们心里容易滋生出骄傲自满的情绪，不能正确接纳别人提出的批评和建议。

怀特海在《教育的目的》一书中这样说道："教育的成就取决于对诸多可变因素的精妙的调整，因为我们是在与人的思想打交道，而不是与没有生命的物质打交道。"因而对于超常生或聪慧生，不能因为"一好"而"遮百丑"，忽视其思想人格上的偏差与缺陷，应该意识到："优生"教育的艰巨性、复杂性，绝不亚于对其他学生的教育，教师的教育重点应该放在对其思想品德的引领上。

游离与约束

魏学党和魏小北是学校公认的"双星",两个孩子都在史老师班上,他俩不仅同姓,而且智商都超常。

魏学党在数学方面格外有天赋,我们常常戏称他为"陈景润"。学党四岁的时候就学完了小学的所有课程,一入学,就显示了跟其他学生的不同。在读小学五年级的时候,学党就学完了整个初中的课程,常规的课堂已经"喂不饱"他了,便长期处于游离状态,一副懒散的模样,经常在课上睡觉,有时睡得太香了甚至滚到了地上。考试的时候他总是第一个做完,然后不停地问老师:"交了卷子后可以出去玩吗?"老师不同意,他便趁老师不注意的时候,起身把旁人的桌子都拍了一下。

对于这样的孩子,教师不能用常规的课堂管理方式去约束他,而应该因材施教,提供适合他的教育方式。

魏学党喜欢看书。有一天,我走进办公室,看见他埋着头坐在史老师的座位上,我喊他的名字,连喊了几声,他才抬起头来,"不要叫我,桂老师,我在看书呢。"我说:"哦,那我不吵你。"他看书一看就是几个小时,纹丝不动,有时候忍不住嘿嘿嘿地笑起来,有时候锁紧双眉,完全沉浸在书的世界里。看到这情景,我和史老师会心地交换了一个眼神。

史老师便趁机与魏学党约法三章:以后在课堂上或考试时,如果你都听懂了，试卷做完了，只要不影响其他同学，就可以自己看书。这个建议一下就把魏学党给制住了。当他有一些无聊的举动时，老师给他一个暗示，他立马就乖乖坐好，自己看书。上课看书看入迷了，老师做一个嘘声动作，他立刻就默声。魏学党听话多了，很少干扰其他同学，而阅读也让他开拓了眼界。在学校读书节活动中。史老师推荐魏学党参加"我讲我的读书故事"演讲比赛，他渊博的知识，幽默的口才博得全校师生的满堂喝彩，成为最耀眼的明星。此后，史老师多次给魏学党提供各种比赛和展示机会，激发了他的求知欲，也更加懂得约束自己的日常行为了，逐渐成为一名品学兼优的学生。当我们办公室老师们都表扬夸赞魏乖乖的时候，没想到乖乖不好意思地说："还有很多哥哥姐姐比我强！我要向他们看齐！"

嫉妒与倾听

魏学党进步很大，经常得到老师的赞扬。这下，另一个聪慧生魏小北可不乐意了。他的成绩也很不错，但只要老师表扬魏学党，他立刻就嗤之以鼻，意思是，我也不比他差。史老师看在眼里急在心里，很是为难，问我："桂老师，怎么办哩？一个班里不能关两个'叫鸡公'呀。"我说："我们一起想想办法，你放学的时候把魏小北带到办公室来。"

放学时，魏小北慢慢吞吞地走进办公室。我说："今天没有外人，就我们两个，我知道你对魏学党不服气，告诉桂老师你怎么想的？"他把头低着，一声不吭。我拉着他的手，小声说："我知道，你肯定是觉得老师们都表扬魏学党，觉得他的爸爸是中学老师，我们这些老师都偏心，对不对？你可能还想要是你的爸爸也是老师，你也会天天得到表扬，是不是呀？"

"嗯。"魏小北点头。看来我的判断是正确的，这个孩子心胸格局太小，平日里听到的赞赏也不少，不能容忍别人比自己强。如果不能正确地调控自己的情绪，被妒忌之心蒙蔽，就会影响他人格的健康发展。

我向魏小北解释："乖乖，魏学党这么聪明，就算他爸爸不是老师，大家也会喜欢他。"

他马上反问道："桂老师，我跟他一样聪明，为什么老师不喜欢我呢？不表扬我呢？还不是因为他爸爸是老师。"

我立刻赞赏他："你这个问题问得真好。桂老师给你讲个故事吧。有两个孩子都十分聪明。有一天，老师问他俩一个问题，'你觉得有没有人比你更棒？'一个孩子说，'没有，我就是这个世界上最聪明的人。'另一个孩子却回答，'有啊，很多人都比我强，我要向他们学习。'你说说看，如果你是那个老师，你会更喜欢哪个孩子呢？"

魏小北不吱声，我知道他已经明白我的意思了。

我接着说："你不回答就证明你跟我一样，更喜欢那个谦逊的孩子。今天早上我问魏学党时，他也是这么回答我的。你知道吗，苏格拉底是神谕中世界上最聪明的人，可苏格拉底却说，'我只知道一件事，就是我一无所知。'最聪明的智者就是明白自己无知的人。"我直视着魏小北的眼睛，轻声说道，"老师所看重的不仅仅是智商的高低，更是一个人的品行，这比学习成绩更重要。你的确跟他一样聪明，聪明的孩子会懂得桂老师这句话的含义的。"

后来有一次，我遇到了魏小北的爸爸，他说："桂老师，您和小北的那次谈话对他影响很大。小北告诉我，桂老师选了一个没有第三个人的场合，没有批评没有指责，而是耐心地听他说话，又轻言细语地和他交流，让他知道了自己跟魏学党的距离，明白了老师们对他的期待。"

我说："小北乖乖很聪明，我只跟他说了几句话，稍加点拨，他就明白了。这说明他的接受能力和理解能力很强，最重要的是，他这种知错就改的胸襟更值得表扬。"

魏小北毕业时专门来看我。他跟我说："桂老师，那天您跟我谈话之后，我虽然明白了您的意思，但我有时候还是会明知故犯。但您和我爸爸谈话时，您夸奖我有知错就改的胸襟，我特别感动。我下定决心，以后一定要像桂老师说的那样，做大度的人。慢慢地，我自己也觉得自己比以前可爱了。"

在教师的教育行为中，语言是一个非常重要的工具。当孩子遭遇问题时，教师需要利用谈话找准问题的关键，将问题一一化解。教师的语言太过重复啰嗦，学生易产生厌烦心理，左耳朵进右耳朵出；语言太过教条，学生则易产生逆反心理，你让他做，他偏不做，你不让他做，他偏要做。所以，不同的语言策略是谈话的关键。在与孩子交谈时，教师一定要放下自己的身姿，做一个积极的倾听者，鼓励孩子表达内心里最真实的声音；如果学生避而不谈，沉默是金，那么是否可以从孩子感兴趣的话题谈起，打开孩子的话匣子，迂回引导，逐步聚焦问题呢；当孩子的情绪对立时，适当的幽默可以化解紧张的氛围，放松心理防备。有的老师过于强调自己作为教师的威严，一张嘴就是对孩子的批评和苛责，这样的谈话往往会激起孩子的反抗情绪，不利于解决问题。

我们应该意识到，每一个不当行为的背后都有某种特殊的原因，当老师能及时了解并处理孩子隐藏的想法时，孩子会深深地感受到自己被理解了，就愿意敞开心扉。对于魏小北，我并没有说太多的话，正如苏格拉底所认为的谈话的艺术，就是"帮助人们生出正确的思想"，对于这样的聪慧生，我只是稍稍点拨他，引导他用客观的态度和正确的辨别能力来判断自我的行为，而这种从自己内心里生长出来的想法，才能被他接纳，并让他拥有真正的智慧。

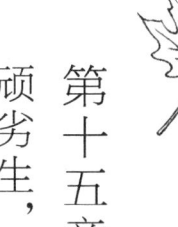

第十五章

顽劣生，爱在扬长

桂老师手记

对老师来说，最头疼的莫过于"不幸"遇到处处和你"唱对台戏"、经常把你气得半死的所谓"顽劣生"！我也曾为他们痛过，悔过，迷茫过……但转念一想，顽劣的乖乖，尤其是男乖乖，更聪明更讲哥们义气。

可是，随着多次"修理""碰壁"及"磨炼"，我不禁思索：这些"顽劣生"就天生顽劣吗？"顽劣生"是怎样"炼"成的呢？在痛过、悔过之后，我也在努力思索，竭力探索，希望能找寻一条属于"顽劣生"的阳光大道！

慢慢地，我发现，多数顽劣生并不想顽劣，只是没有人重视他，他也不知道该如何努力，顽劣是他们对生活失望的一种表现，是想引起别人注意的一种方式。

纵观很多老师处理顽劣生的方法，或批评、或检讨、或罚站等，这些都是在重复强调他们的错误，只会让他们更加叛逆更加顽劣。对待顽劣生，与其揭其短，不如扬其长，让他们看到自己的优点，建立变好的信心。

"晃晃"不晃了

在我们学校,经常可以看到一个肥嘟嘟的小身影,像个小熊猫一样在校园里"晃来晃去"。提起他,大家都很熟悉,他就是四年级2班的严明浩,从一年级开始,无论课上还是课间,他就开始在校园里到处晃悠,毫无规则意识,老师们经常用大把的时间去"捉"他,家长也对他束手无策,令所有教他的老师都苦不堪言,谈"明浩"而色变。慢慢地,他就有了一个共同的代号——晃晃。

一天早上,我路过食堂,在一群和面师傅的中间发现了这个晃来晃去的胖乖乖,他聚精会神地看着食堂师傅们和面,时不时还"指教"一番。

"你这个太干了,应该加点水!"

"你这个好了,要放一放等发酵。"

……

虽然师傅们也没按"晃师傅"的指令去做,但"晃师傅"依然很认真地在指点,只是这个时间,正值上午第一节课。我走上前去,和他攀谈起来。

"乖乖,你怎么不去上课?第一节可是语文课呢!"我漫不经心地说。

"我们语文老师生病了,第一节是美术老师上,我讨厌画画。"他头也没抬,眼睛依旧盯着师傅们手里的面团。

"美术课画画多好啊!想画什么画什么,随心所欲!"

"哼！我讨厌画画，每次的分数不是丙就是丁，从来没得到过表扬！"说着，他已经跑到桌子的另一边，似乎有点不想跟我说话了。我心里嘀咕：胖晃晃还挺灵活。

我也佯装看师傅和面，慢慢跟了过去，再次套起了近乎："乖乖，虽然你不喜欢画画，但是我发现对和面你倒是挺在行的，能教教桂老师吗？"

这一次他的两只小眼迸射出了耀眼的光芒，他绘声绘色地跟我讲述着和面的注意事项，时不时还举例说明、现场指导，食堂师傅们也笑声阵阵。说到兴奋处，他也时不时拉起我的手，要我也试试。我知道，他已经接受我了！

"乖乖，这节课你教会了桂老师很多东西，我真心感谢你！但是，在上课时间不在教室做这些是不合适的；我作为老师，在上课时间陪学生在课堂外和面，也是不对的。如果学校领导追究起来，桂老师可就犯错了！"我皱紧了眉头，一脸沮丧。

小家伙没说话，但是从他的眼神里看得出他在思考。

"这样吧，乖乖！以后你上课都在教室好好听课，如果你能做到，每个周一的大课间，你就到食堂来指导师傅们和面（周一学校有面食），好不好？"

"好，一言为定！"小家伙大声回答。

后来，我与他的班主任也进行了沟通，交流了"以扬长促转化"的想法，班主任也认同并欣然接受。而且只要周一一到学校，大课间我一定会去食堂与他交流交流，并试着再打打"强心针"。慢慢地，我惊喜地发现，胖乖乖出来晃的时间慢慢减少了，这是发生在他二年级时的故事，现在他四年级了，校园里几乎没有了"晃晃"的身影。

而我与他的"友谊"也慢慢地生根发芽了。今年开学，新到了一批教材在食堂的地面放着，许多学生都喜欢在那里疯跑，我经过两次，都觉得是个安全隐患，正巧我碰到了"晃晃"，看着身高个壮的他，我灵机一动："乖乖，这里都是新书，低年级的小弟弟小妹妹不懂事，在这里跑来跑去会摔跤，桂老师想让你当一下临时的图书管理员，利用课间时间在这里守一守，等书发下去，你的任务就圆满结束了，可以吗？"

"桂老师，放心吧！我一定看好这些书，不让弟弟妹妹们受伤！"我再一次在他的眼神里看到了光芒。

这就样，那些书没有损坏，也没有丢失，低年级的孩子也没有摔倒受伤，他笔直的小身板就像操场上那棵高大的梧桐树，坚硬挺拔，尽心守护着自己的那份神圣的职责。

巧用哥们义气

孩子们在小学高年级正值青春转型期，他们的思想和低中年级相比，会发生很大的转变，再加上一些电视剧和综艺节目的影响，这些刚进入或正准备进入青春期的懵懵懂懂的孩子们就会产生一些超乎年龄的认知，例如男女性的区别差异及情感萌动，女孩之间的猜忌妒忌，男孩之间的江湖义气。这些都需要家长和老师的正确引导，孩子才能正确过渡到青春期，树立正确的人生观、价值观。但是，任何东西都有两面性，我们要辩证去看，这是孩子的必经之路，我们不能斩断，只能引导。只要有心，就会发现，这些认识有时也是我们教育孩子的最佳契机。

十多年前，我带了一个毕业班，那时香港系列电影《古惑仔》盛行，剧中的哥们义气令当时高年级的男生拍手称赞，羡慕不已。我班有好几个男乖乖就是《古惑仔》的忠实粉丝，他们学着电视的装扮、语气、行为，当然还有他们最引以为豪的哥们义气。

一个周一的早晨，课代表向我汇报，石凯和张磊的作业没有做，一听到这两个名字，我头都是大的，惯犯，长期不做作业或者作业不做完。早自习，我来到班上，大声说："石乖乖、张乖乖，你俩怎么就是不乖乖交我作业呢？"当即按班规处理，作业补一遍罚一遍。石凯和张磊乖乖拿着本子低着头回到自己座位上，准备补作业。这时一个声音从教室后面传来——

"老师，我觉得你不能罚他们作业，只能让他们补起来！"我抬头一看，是他俩的"哥儿们"李想。

"为什么呢？乖乖，给我理由。"

"这个周末是因为我过生日，他们俩周六为了给我准备礼物，在外面跑了一天；周日又在我家里为我庆祝了一天，他们都是因为我才没写作业的。所以我觉得只能让他们补起来，而不应该罚他们再写一遍！班规是死的，人是活的，要看情况而定！"这孩子有理有据，看得出来，他是鼓了很大的勇气才说出这番话。

"乖乖，不管什么原因，错了就是错了。如果他们没错，那你认为错在谁呢？"我盯着他。

"错……错在……错在我！"他涨红了脸，憋足了劲，声音大到班上每个角落都能听到。

"乖乖，你很棒！你能勇于承担错误，不管你是出于什么理由，桂老师都对你相当佩服，那他们罚的作业就由你完成吧！"我继续低头改作业。

接下来的早自习，班上很安静。有的在做计算，有的在订正作业，有的在看书，只有他们三人，低着头奋笔疾书。令人惊讶的一幕出现了，三个人各写了两遍作业，石凯和张磊是补一遍罚一遍，李想是为他们罚的两遍。三个人几乎同时写完，三个人的字都写得前所未有的工整，三个人的正确率都是百分之百。三个人同时交给我的时候，似乎都有"狼牙山五壮士同生共死"的悲壮豪情，再一次印证了他们"情比金坚"的"哥们友谊"。但是，我在李想的眼底发现了一丝惊讶，我顿时明白了，下午单独找他聊了聊。

其实在他们三人中，成绩最好的是李想，也从来不会拖欠作业，只是性格和行为比较"放荡不羁"。而石凯和张磊是惯犯，长期不写作业，这也是为什么李想过生日，主角的作业都写了，配角的作业还没影儿的主要原因。他眼底的惊讶和我一样，是不敢相信石凯和张磊的作业还能写得这么好！

由于上午的经历，他觉得来者不善，似乎还有点不乐意。

"乖乖，你有没有发现，石凯和张磊两个人是潜力股？"

他疑惑不解地看着我……

"你看，他们今天的作业既有速度，又有质量，不输给小组长啊！"我趁势拿出早上的作业本。

他接过本子，一页一页翻看，看得很认真很认真。

"乖乖，桂老师有个想法，能帮助你的好朋友，让他们两个以后和今天一样又快又好完成作业，但是我必须得到你的理解、支持和帮助，你看可以吗？"

"没问题！只要他们能改，我做什么都愿意！"他声音非常响亮。

"以前每次不写完，老师罚他们都没用，原因只有一个：他们习惯了，不怕罚。但是今天为什么有效果呢？"

他摇摇头。

"是因为你们三个乖乖之间的友谊，你们的义气。他们不怕自己受罚，却担心自己的哥们被罚，他们不想连累你，所以作业写得又快又好。而你也不想他们被罚，所以你也写得又快又好。你们彼此担心，彼此牵挂，都有了在乎的人和事，所以都认真了。你今天的想法也是他们内心的想法！"我语重心长地说。

"桂老师，我明白了！以后他们的作业要是没写，你就罚我吧！他们肯定就不会不写了！"果真是个聪明又讲义气的孩子，我欣慰地笑了。

后来，石凯和张磊不写作业，我和李想就演双簧，李想也真的写了他们被罚的作业，石凯和张磊当然也写了，效果同前，他们也十分愧疚和后悔，于是发誓改掉这坏毛病。但是总忍不住又犯，于是再上演相同的剧情。但是，前前后后，大概就五六个来回吧，石凯和张磊再也没有不做作业了。

一直到毕业，他们的友谊如初，作业却再也没有缺席过。现在他们都长大成人了，每每回来看我，都会说起这段"江湖往事"，还调侃我可以去做"江湖老大"，但更多的是对我的感谢与祝福。

没有人愿意做另类，所以也没有真正的顽劣生，他们只是通过怪异的行为举止来得到别人的注意，得到别人的肯定。所以，对待顽劣生，可谓是"一念天堂，一念地狱"，总是抓他们的短处来说事，只会让他们越来越顽劣；要多用点心，发现其优点，以"长"克"短"，充分调动他们的积极性，让他们逐渐走上"阳光大道"。